INTERPRETATIONSHILFE DEUTSCH

Friedrich Schiller

Die Räuber

Interpretiert von
Hans-Georg Schede

STARK

Bildnachweis
Umschlag: Karl von Moor (Martin Dudeck). „Die Räuber" in der Inszenierung von Jutta Wachsmann am Alten Schauspielhaus Stuttgart 1996. Foto: Sabine Haymann
Seite 3, 6, 7, 16, 19, 39: Deutsches Literaturarchiv, Marbach am Neckar

ISBN: 3-89449-782-3

D-85318 Freising · Postfach 1852 · Tel. (0 81 61) 1790

Inhalt

Autor: Dr. Hans-Georg Schede

Vorwort

Liebe Schülerin, lieber Schüler,

Friedrich Schillers erstes großes Theaterstück *Die Räuber* ist bis heute eines seiner berühmtesten Werke geblieben. Immer neue Generationen von Lesern und Theatergängern haben sich vom leidenschaftlichen Überschwang dieses schon vom Umfang her ausufernden Erstlingswerks hinreißen lassen. Aber es ist auch ein schwieriges Werk, das gerade heutigen Lesern einige Mühe abverlangt. Nicht von ungefähr enthält die Ausgabe des Stücks in Reclams Universal-Bibliothek einen gut 25 Seiten langen Anhang mit Worterklärungen. Dem vorliegenden Band liegt diese Textausgabe zugrunde (vgl. die Literaturhinweise am Ende des Bandes). Daher wird in dieser *Interpretationshilfe* auf eine eigene Liste mit Worterklärungen verzichtet, was Raum für eine gründlichere Interpretation schafft.

Das Buch beginnt mit einer zusammenfassenden Darstellung von **Schillers Leben und Werk.** Dabei liegt der Akzent auf den Informationen, die für das Verständnis der *Räuber* von Belang sind. Anschließend wird die **Entstehungsgeschichte** des Stücks geschildert.

Das zweite Kapitel bietet eine **Inhaltsangabe** der *Räuber*.

Im umfangreichen dritten Kapitel wird das Schauspiel dann **analysiert und interpretiert.** Zunächst wird gezeigt, in welchem Umfang Schiller in seinem Stück – jedoch meist verdeckt – auf andere literarische Werke Bezug genommen hat. Darauf folgt die Formanalyse, die der Frage nachgeht, ob *Die Räuber* nicht eher ein „dramatischer Roman" (so Schillers eigene Bezeichnung) als ein Bühnenstück sind. Unter dieser Fragestellung werden Ort und Zeit der Handlung, der Umfang der Szenen sowie die im Stück enthaltenen Erzählungen, Monologe und Lieder näher untersucht. Eine kurze Information über das Drama des Sturm und Drang, dem *Die Räuber* zugerechnet werden, leitet dann zur eingehenden Betrachtung der Hauptfiguren des Stücks über. Ein weiterer knapper Abschnitt beschäftigt sich mit der Sprache und der Körpersprache der Figuren. Als Schlüsselstellen werden abschließend je ein Monolog von Karl und von Franz interpretiert, den beiden feindlichen Brüdern und Hauptfiguren des Werks.

Der Band schließt mit einigen wenigen Anmerkungen zur **Wirkungsgeschichte** des Stücks und mit **Literaturhinweisen.**

Hans-Georg Schede

Einführung

Auf den ersten Blick könnte man Friedrich Schillers Schauspiel *Die Räuber* für ein Stück Trivialliteratur halten. Die **Handlung** ist reißerisch genug und von abenteuerlicher Unwahrscheinlichkeit:

Ein junger Mann, der sich vom Schicksal benachteiligt glaubt, intrigiert so lange gegen seinen älteren Bruder, bis der Vater diesen verflucht, woraufhin der Intrigant zum Erben aufrückt. Der ältere Bruder fühlt sich vom Vater im Stich gelassen und wird aus Empörung zum Räuberhauptmann. Der jüngere Bruder beseitigt auch den eigenen Vater auf heimtückische Weise, um endlich dessen Erbe antreten zu können. Daneben bedrängt er die Geliebte seines verschollenen Bruders. Derweil hat der ältere Bruder, der Räuberhauptmann, eingesehen, dass sein Versuch, mit Gewalt Gerechtigkeit in der Welt herzustellen, fehlgeschlagen ist. Auch erkennt er mehr und mehr, dass er in schlechte Gesellschaft geraten ist. Er sehnt sich nach seiner verlorenen Unschuld und führt die Bande in die Nähe des Familienbesitzes. Dort begibt er sich unter falschem Namen ins Schloss. Seine Jugendgeliebte erkennt ihn nicht, verliebt sich aber (erneut) in ihn. Dafür erkennt ihn sein Bruder, der nun auch ihn ermorden lassen will. Durch Zufall gelingt es dem älteren Bruder, seinen in einem Verlies eingesperrten Vater zu befreien. Er beauftragt seine Räuber, den jüngeren Bruder zu ergreifen. Dieser, mittlerweile von Gewissensqualen an den Rand des Wahnsinns gebracht, kommt dem zuvor, indem er sich selbst erdrosselt. Der Vater stirbt vor Entsetzen, als er erfährt, dass sein Retter zwar sein verlorener Lieblingssohn ist, nun aber als Räuber und Mörder vor ihm steht. Auch für die inzwischen von den Räubern herbeigeschleppte Geliebte ist diese Erkenntnis ein Schock.

Dennoch bekennt sie sich zu dem Räuberhauptmann. Aber die Bande lässt ihren Anführer nicht gehen. Die Geliebte fleht, man möge sie töten. Der Räuberhauptmann tötet sie selbst. Dann geht er, um sich den Justizbehörden zu stellen.

Doch der erste Eindruck täuscht. Wer genauer hinsieht, wer versucht, in die Gedankengänge der Hauptfiguren und in deren Handlungsmotive einzudringen, wer sich auch nur Mühe gibt, alle Sätze im Stück zu verstehen, erkennt bald, dass *Die Räuber* ein schwieriger Text und ein **komplexes Kunstwerk** sind. Schon Schillers Vorrede zum Stück zeugt von der imponierenden Bildung des kaum zwanzigjährigen Autors, von seinem eigenwilligen und überaus klaren Kunstverstand und von seinem hohen künstlerischen Anspruch. So nennt er es eine „widersinnige Zumutung", in den üblichen drei Stunden einer Theateraufführung mehrere „außerordentliche Menschen" umfassend darzustellen, weil „deren Tätigkeit von vielleicht tausend Räderchen abhänget". Die Taten der Helden der Trivialliteratur hängen, wie man weiß, nur von ein paar „Räderchen" ab, die man mit einem Blick überschaut. Das macht ja gerade ihre Trivialität aus. Schiller jedoch erhebt den Anspruch, in seinen Figuren die unendlich verzweigten Gründe, warum sie so und nicht anders handeln, aufscheinen zu lassen. Man soll den Eindruck gewinnen, sie seien dem wirklichen Leben entnommen und nicht einem schlechten Buch. Schillers Vorrede macht deutlich, wie gründlich er über die beiden Hauptfiguren des Stücks, die feindlichen Brüder Franz und Karl von Moor, nachgedacht hat und welchen tiefen **Einblick in die Abgründe des menschlichen Wesens** er mit ihren Charakteren zu bieten beabsichtigte.

Der Blick unter die Oberfläche der reißerischen Geschichte ist lohnend. Der Zweck der folgenden Interpretationshilfe ist, diese tieferen Einsichten auf so verständliche Weise zu ermöglichen, dass auch die schwierigeren Zusammenhänge nachvollziehbar bleiben.

Schillers Leben und Entstehung der „Räuber“

1 Schillers Leben und Werk

Friedrich Schiller (1759–1805). Das früheste Ölporträt des Dichters, Jakob Friedrich Weckherlin zugeschrieben, um 1780

Die Räuber sind Friedrich Schillers erstes großes Werk. Als das Stück, an dem er mehrere Jahre gearbeitet hat, Anfang 1782 in Mannheim uraufgeführt wurde, war er gerade 22 Jahre alt. Folglich fallen die für das Stück bedeutsamen lebensgeschichtlichen Erfahrungen Schillers in die Zeit der Kindheit und Jugend. Daher berichtet dieser Überblick über Schillers Leben und Werk ausführlicher von seinem Herkommen und seiner Schulzeit als von seiner späteren Laufbahn als Schriftsteller.

Johann Christoph Friedrich Schiller wurde am 10. November 1759 in Marbach am Neckar geboren. Sein Vater **Johann Caspar Schiller** (1722–1796) entstammte einer schwäbischen Handwerkerfamilie. Er hatte es zum Militärarzt gebracht und am österreichischen Erbfolgekrieg teilgenommen, bevor er 1749 in die Heimat zurückkehrte und sich in Marbach als Wundarzt niederließ. Nur wenige Monate später heiratete er dort die sechzehnjährige **Elisabeth Dorothea Kodweiß,** die Tochter eines vermeintlich wohlhabenden Gastwirts, der sich jedoch wenig später durch unbedachte Geschäfte finanziell ruinierte. Daraufhin gab Caspar Schiller überhastet seine eigene Praxis auf und trat 1753 in die württembergische Armee ein. Er wurde im nahe gelegenen Ludwigsburg stationiert und erhielt zunächst nur eine untergeordnete Verwaltungstätigkeit.

Nach der Geburt der beiden ältesten Kinder Christophine (1757) und Friedrich folgte Elisabeth Dorothea Schiller, so gut es ging, dem Regiment ihres Mannes: nach Würzburg, nach Urach, nach Cannstatt, wieder nach Ludwigsburg und nach Stuttgart. Sie suchte jeweils in der Nähe der Garnison eine Bleibe. Zwischendurch kehrte sie immer wieder nach Marbach zu ihren geschäftlich gescheiterten und gesellschaftlich gedemütigten Eltern zurück. Die ersten vier Jahre von Schillers Leben standen im Zeichen dieser provisorischen und ungesicherten Existenz. Erst Ende 1763 kam die Familie zur Ruhe. Caspar Schiller, mittlerweile zum Hauptmann befördert, wurde in die Garnisonsstadt Schwäbisch Gmünd versetzt. Er erhielt die Erlaubnis, sich mit seiner Familie im zwei Stunden entfernten Dorf Lorch anzusiedeln, wo die Lebenshaltungskosten günstiger waren.

Drei Jahre war Schiller in **Lorch.** Es war das Paradies seiner Kindheit. Hier fühlte er sich aufgehoben in der Natur und erfuhr familiäre Geborgenheit, auch wenn der Vater ein autoritärer Erzieher war. Immer wieder lässt Schiller später seine Figuren die Idylle der Kindheit heraufbeschwören. Karl von Moor macht da nur den Anfang.

Lorch ist noch in weiterer Hinsicht für die *Räuber* wichtig. Dort begegnete Schiller dem Pfarrer **Philipp Ulrich Moser,** dessen Sohn sein engster Freund war. Von den Predigten des Pfarrers war Schiller fasziniert. Sie weckten in ihm den Wunsch, selbst Pfarrer zu werden, der von dem ehrgeizigen und bildungsbeflissenen Vater unterstützt wurde. Pfarrer Moser unterrichtete Schiller auch in Latein, nachdem bald nach der Einschulung in die

Elementarschule die besondere Begabung des Kindes aufgefallen war. Schiller hat ihm in den *Räubern* in der Figur des Pastor Moser, der Franz von Moor kurz vor dessen Selbstmord mutig und redegewaltig in seine Schranken weist, ein Denkmal gesetzt.

Als Caspar Schiller Ende 1766 den Antrag stellte, zurück in die Residenz nach Ludwigsburg versetzt zu werden, hatte das auch mit einer besonderen finanziellen Verlegenheit zu tun: Aufgrund einer Fehlbuchung hatte er seit seinem Wechsel nach Schwäbisch Gmünd kein Gehalt erhalten. Mehr als drei Jahre lang griff er klaglos auf seine Ersparnisse zurück, um seine Familie und zwei ihm zugeordnete Unteroffiziere zu versorgen. Die Versetzung wurde bewilligt und zuletzt – jedoch erst nach neun Jahren – auch das ausstehende Gehalt erstattet.

In **Ludwigsburg** besuchte Schiller die Lateinschule. Am Ende jedes Schuljahres legte er in Stuttgart das Landexamen ab, eine anspruchsvolle Prüfung, die die Voraussetzung für ein späteres Theologiestudium im Tübinger Stift bildete. In den Ludwigsburger Jahren zeigten sich auch erste Anzeichen einer Kränklichkeit, die Schiller durch sein ganzes Leben bis zu seinem frühen Tod im Alter von nur 45 Jahren begleitete.

Schillers Kindheit endet im Januar 1773. Mit 13 Jahren wurde er Zögling einer vom württembergischen Herzog **Carl Eugen** erst drei Jahre zuvor ins Leben gerufenen **Militärakademie,** in der die begabtesten Jungen des Landes als Nachwuchs für wichtige Posten in Armee und Verwaltung ausgebildet werden sollten. Bereits zweimal hatte sich Caspar Schiller dem Wunsch des Herzogs entzogen, den einzigen Sohn der Familie, der Pfarrer werden wollte, in die Karlsschule zu geben. Als der Herzog erneut drängte, gab er nach. Der Herzog belohnte diesen Gehorsam, indem er Caspar Schiller Ende 1775 zum Intendanten der Hofgärtnerei auf der Solitude bei Stuttgart machte; ein Posten, in dem Schillers Vater ganz aufging und den er über 20 Jahre lang bis zu seinem Tod im Jahre 1796 bekleidete.

Für seine Familie war Schiller seit dem erzwungenen Eintritt in die Militärakademie so gut wie ein verlorener Sohn. Besuche der Eltern mussten schriftlich beantragt und genau begründet werden. Der Herzog trieb die absolutistische Idee von der Vormundschaft des Fürsten über seine Untertanen bis zum Äußersten. Er erhob den Anspruch, als der Vater seiner Schüler zu gelten. Entsprechend war er in der Schule oft persönlich anwesend und verlangte, über alle Vorgänge dort genau informiert zu werden. In den acht Jahren seiner Zugehörigkeit zu der Akademie, zwischen Januar 1773 und Dezember 1780, hatte Schiller kaum Kontakt zu seiner Familie. Seine im Mai 1773 geborene Schwester Beata Friederike, die im Dezember des gleichen Jahres starb, hat er nie gesehen. Als nur ein Vierteljahr später auch seine fünfjährige Schwester Maria Charlotte starb, durfte er nicht zur Beerdigung reisen. Die im September 1777 geborene jüngste Schwester Nanette lernte er erst nach seiner Entlassung aus der Karlsschule kennen.

Carl Eugen, Herzog von Württemberg (1728–1793)

Die erste Zeit in der Karlsschule scheint Schiller als schweren Schock erfahren zu haben. Zwar traf er dort einige enge Ludwigsburger Freunde wieder. Doch das wog gering gegen das Wegfallen jeglichen privaten Freiraums, das ungewöhnlich umfangreiche Arbeitspensum und das durch das Schulreglement vorgegebene System gegenseitiger Überwachung.

Schiller, für sein Alter hochaufgeschossen, schlaksig und offenbar körperlich eher unreinlich, zog sich in sich selbst zurück. Nach dem ersten Jahr verschlechterten sich seine schulischen Leistungen drastisch. Das hatte auch mit seinem Desinteresse für die **Rechtswissenschaft** zu tun, in die er sich nun hineinfinden sollte, denn der Herzog hatte ihn zum Juristen bestimmt. 1775 besserte sich Schillers Situation wieder, nachdem die Schule von der Solitude nach Stuttgart verlegt worden war. Carl Eugen stellte fest, dass er zu viele künftige Juristen ausbilden ließ, woraufhin Schiller mit einigen Mitschülern in den neu eingerichteten **medizinischen Ausbildungsgang** überwechseln musste. Ohne Begeisterung vertauschte er das Fachgebiet und war dennoch froh, die ungeliebte trockene Rechtswissenschaft hinter sich zu lassen. In den Folgejahren gehörte er wieder zu den besten Schülern.

Sein eigentliches Interesse galt der **Literatur** und der **Philosophie.** Auf diesem Feld erhielt er vielfältige und lang wirkende Anregungen von dem zuständigen Lehrer **Jakob Friedrich Abel,** der im Frühjahr 1775 mit nur 24 Jahren an die Akademie berufen worden war. Überhaupt sorgte Carl Eugen dafür, dass die Schüler seiner Schule – gerade gegenüber der die Tradition verwaltenden Landesuniversität Tübingen – von jungen, engagierten Lehrern unterrichtet wurden, die sich allen neueren Entwicklungen gegenüber aufgeschlossen zeigten. Auf diese Weise eignete sich Schiller auf der Karlsschule ein **umfassendes und für seine Zeit modernes Wissen** sowie einen **Erkenntnisdrang** an, der für seine gesamte weitere Existenz als Schriftsteller bestimmend blieb. Die Kehrseite von Schillers Bildung war, dass sie überwiegend **theoretisch** blieb, ganz auf abstrakte Ideen gerichtet war und kaum Bodenhaftung im so genannten wirklichen Leben und in der materiellen Natur hatte. Goethe hat das im Gedicht *Epilog zu Schillers „Glocke"* (1816) so formuliert: „Indessen schritt sein Geist gewaltig fort /

Jakob Friedrich Abel (1751–1829)

Ins Ewige des Wahren, Guten, Schönen, / Und hinter ihm, in wesenlosem Scheine, / Lag, was uns alle bändigt, das Gemeine."

Das „Gemeine" bedeutet in diesem Zusammenhang: das Allgemeine, das tägliche Leben mit seinen Sorgen, Verlockungen und Ablenkungen. Dieses allgemeine Leben fand innerhalb der Karlsschule kaum statt. Schillers Erstlingswerk *Die Räuber* spiegelt auf seine Weise die **fast vollständige Abschottung** seines Autors **vom „wirklichen Leben":** Sein Stoff zeugt von einem wilden Drang des jungen Autors nach Taten, nach Sprengung jeglicher Fesseln, nach rücksichtsloser Selbstverwirklichung. Die Behandlung dieses Stoffes zeigt jedoch, dass dem Autor das geistreiche Argumentieren weit näher liegt. Die für ein Bühnenstück – das direkt auf das Gemüt der Zuschauer wirken soll – intellektuell ungewöhnlich anspruchsvollen Selbstaussprachen beider Hauptfiguren, der feindlichen Brüder Karl und Franz von Moor, lassen sich auf moralphilosophische und medizinische Theorien und Erkenntnisse zurückführen, mit denen sich Schiller während seiner Schulzeit auseinander gesetzt hat.

Schiller hat zumindest im Rückblick den Mangel an echter Erfahrung, der in seinem auf den ersten Blick so wirklichkeitsgesättigten Stück herrscht, klar erkannt. In seiner *Ankündigung der „Rheinischen Thalia"* – dem Projekt einer neuen Zeitschrift – vom Herbst 1784 hat er dazu folgende Begründung gegeben:

Ich schreibe als Weltbürger, der keinem Fürsten dient. Frühe verlor ich mein Vaterland, um es gegen die große Welt auszutauschen, die ich nur eben durch die Fernröhre kannte. Ein seltsamer Mißverstand der Natur hat mich in meinem Geburtsort zum Dichter verurteilt. Neigung für Poesie beleidigte die Gesetze des Instituts, worin ich erzogen ward, und widersprach dem Plan seines Stifters. Acht Jahre rang mein Enthusiasmus mit der militärischen Regel; aber Leidenschaft für die Dichtkunst ist feurig und stark, wie die erste *Liebe. Was sie ersticken sollte, fachte sie an. Verhältnissen zu entfliehen, die mir zur Folter*

> *waren, schweifte mein Herz in eine* Idealenwelt *aus – aber unbekannt mit der* wirklichen, *von welcher mich eiserne Stäbe schieden – […] – unbekannt mit den Neigungen freier, sich selbst überlassener Wesen […] – unbekannt mit dem schönen Geschlecht […] – unbekannt mit Menschen und Menschenschicksal mußte mein Pinsel notwendig […] ein Ungeheuer hervorbringen, das zum Glück in der Welt nicht vorhanden war, dem ich nur darum Unsterblichkeit wünschen möchte, um das Beispiel einer Geburt zu verewigen, die der naturwidrige Beischlaf der* Subordination *[Unterordnung] und des* Genius *in die Welt setzte. – Ich meine die „Räuber".*
> *[…] Die ganze sittliche Welt hat den Verfasser als einen Beleidiger der Majestät vorgefodert. – Seine ganze Verantwortung sei das* Klima, *unter dem es geboren ward. Wenn von allen den unzähligen Klagschriften gegen die Räuber eine einzige* mich *trifft, so ist es diese, daß ich zwei Jahre vorher mich anmaßte, Menschen zu schildern, ehe mir noch einer begegnete.*
> *Die Räuber kosteten mir Familie und Vaterland – –*
> (ED, S. 172 f.)

Die Räuber kosteten Schiller insofern Familie und Vaterland, als er – nachdem er die Karlsschule mit einer medizinischen Doktorarbeit abgeschlossen hatte und anschließend als Regimentsmedikus in Stuttgart angestellt worden war – als Angehöriger der württembergischen Armee unerlaubt das Land verließ, um der **Uraufführung seines Dramas in Mannheim** beizuwohnen. Allein schon die Autorschaft an dem aufrührerischen Stück musste der Herzog, der immer eine besondere Vorliebe für seinen aus dem Rahmen fallenden Schüler hatte erkennen lassen, natürlich als eine Provokation auffassen. Nach einer weiteren unerlaubten Reise nach Mannheim erhielt Schiller vierzehn Tage **Arrest** und wenig später zudem **Schreibverbot.** Daraufhin verließ der junge Autor in Begleitung eines Freundes heimlich das

Land. Dem Herzog ist zugute zu halten, dass er Schillers Familie diesen Ungehorsam des Sohnes in keiner Weise entgelten ließ.

Schiller ging mit seinem Freund, dem Musiker Andreas Streicher, nach **Mannheim** und dann weiter nach **Frankfurt.** Ab Ende des Jahres 1782 verbrachte er auf Einladung einer mütterlichen Freundin, Henriette von Wolzogen, einige Monate auf ihrem Landsitz in **Bauerbach** in der Nähe der Residenz Meiningen. Dort arbeitete er an weiteren Stücken: *Die Verschwörung des Fiesco zu Genua* und *Luise Millerin,* das später in *Kabale und Liebe* umbenannt wurde. Auch erste Pläne und Entwürfe zu *Don Karlos* und *Maria Stuart* entstanden in Bauerbach.

Ab Sommer 1783 wurde Schiller für ein Jahr als Theaterdichter und Dramaturg beim **Mannheimer Theater** angestellt. Bald nach seinem Eintreffen in Mannheim erkrankte er am Malaria-Fieber, das kurz davor in der Region ausgebrochen war und epidemieartig um sich griff. Schiller therapierte sich selbst mit einer Radikalkur, die zu einer chronischen Entzündung des Magens führte. Anfang 1784 wurden der *Fiesco* und *Kabale und Liebe* in Mannheim uraufgeführt. Das erste Stück hatte wenig, das zweite hingegen großen Erfolg. Trotzdem wuchsen Schillers Schulden und seine Anstellung beim Theater wurde nicht verlängert.

In dieser Situation nahm er dankbar die Einladung von vier jungen Verehrerinnen und Verehrern – Christian Gottfried Körner, die Schwestern Minna und Dora Stock und Ludwig Ferdinand Huber – aus Sachsen an, die sich in der Hoffnung an ihn gewandt hatten, ihm irgendwie nützen zu können. Zwischen März 1785 und Juli 1787 lebte Schiller bei den neuen Freunden in **Leipzig** und **Dresden.** In dieser Zeit betrieb er intensive geschichtliche Studien, vollendete jedoch, abgesehen vom Schauspiel *Don Karlos,* kaum neue Werke.

Im Sommer 1787 reiste Schiller nach **Weimar,** um dort seine ältere Freundin Charlotte von Kalb zu besuchen. Die kleine Residenz des politisch ebenfalls nicht übermäßig bedeutsamen

Großherzogtums Sachsen-Weimar war mittlerweile unter der Regie der Herzoginmutter zum geistigen Zentrum Deutschlands geworden. Wieland, der allem Neuen gegenüber aufgeschlossene Repräsentant der älteren Literatur, lebte hier; ebenso Herder, der 15 Jahre vorher als Vordenker des Sturm und Drang hervorgetreten war. Goethe war Minister des Landes, jedoch zur Zeit auf einem langen Urlaub in Italien. Auch Schiller blieb in Weimar. Im nahe gelegenen Rudolstadt lernte er seine zukünftige Frau **Charlotte von Lengefeld** kennen. Goethe, der 1788 aus Italien zurückkehrte, begegnete dem zehn Jahre jüngeren Dichter der *Räuber* – als welcher Schiller noch lange in erster Linie wahrgenommen wurde – zunächst mit Zurückhaltung. Zu Schillers Enttäuschung kam es zu keinem intensiveren Kontakt. Wohl auch um Schiller etwas aus dem Weg zu haben, vermittelte Goethe 1789 Schillers Berufung als Professor der Geschichte an die nahe Landesuniversität **Jena.** Da diese Tätigkeit selbst nicht mit nennenswerten Einnahmen verbunden war, bewilligte der Großherzog Karl August Schiller ab 1790 ein festes Gehalt von 200 Talern. Der Meininger Hof ernannte ihn zudem zum Hofrat. Auf solche Weise mit einem Titel und einer gerade eben ausreichenden finanziellen Absicherung versehen, konnte Schiller im Februar 1790 Charlotte von Lengefeld heiraten.

Als **Historiker** hatte Schiller vor allem mit seiner *Geschichte des Dreißigjährigen Krieges* (1790 bis 1793) einen auch schriftstellerischen und damit finanziellen Erfolg. Dennoch blieb seine materielle Lage prekär, zumal er schon nach einem Jahr seine Professorentätigkeit aufgrund eines plötzlichen, beinahe tödlichen Ausbruchs seiner schwelenden Unterleibskrankheit unterbrechen und schließlich ganz aufgeben musste. In dieser neuerlichen Notlage kam wiederum Unterstützung von unerwarteter Seite: Der Herzog Friedrich Christian von Schleswig-Holstein-Augustenburg bot Schiller ein mit jährlich 1 000 Talern dotiertes Dreijahresstipendium an, das nach Ablauf der drei Jahre noch einmal um zwei weitere Jahre verlängert wurde. Auf diese Weise vom Druck befreit, durch fortlaufende schriftstellerische Arbeiten oder die Herausgabe von Zeitschriften Einnahmen zu erzielen, widmete sich Schiller in den nächsten Jahren dem **Studium der Kant'schen Philosophie.** Unmittelbare Frucht dieser Beschäftigung sind eine Reihe von bedeutenden ästhetischen Schriften, die in der großen Abhandlung *Über naive und sentimentalische Dichtung* aus den Jahren 1795/96 gipfeln. Mittelbar bereitete das Kant-Studium die klassische Phase in Schillers Werk vor, in deren Zentrum die späten Dramen stehen.

Die Französische Revolution verfolgte der Historiker Schiller zunächst mit Interesse, fühlte sich jedoch von ihren grausamen Exzessen bald abgestoßen. Seine Überzeugung war, dass die Menschen erst eine größere innere Freiheit entwickeln müssten, um sich der politischen Freiheit gewachsen zu zeigen. Die **ästhetische Erziehung des Menschengeschlechts** schien ihm die Voraussetzung für eine wirkliche Revolution.

Im Sommer 1793 brach Schiller mit seiner Familie zu einer fast einjährigen Reise in die schwäbische Heimat auf. Als im Herbst der württembergische Herzog starb, konnte er unbesorgt auch nach Ludwigsburg und Stuttgart reisen. Er sah seine Eltern und Schwestern wieder, erneuerte alte Freundschaften und knüpfte engere geschäftliche Beziehungen zu dem jungen Verleger Cotta.

Bald nach seiner Rückkehr kam es nach einer Tagung in Jena zur entscheidenden Annäherung zwischen Goethe und Schiller. Vom Juli 1794 an wuchs **zwischen Goethe und Schiller** eine **intensive intellektuelle Partnerschaft und persönliche Freundschaft.** Auch Goethe erlag nun, mit seinen eigenen Worten, der „großen Anziehungskraft“, die von Schillers unerschöpflichem Bedürfnis nach geistiger Durchdringung der Welt ausging. Schillers Ausstrahlung zeigt sich auch darin, dass er von so unterschiedlichen Persönlichkeiten wie den beiden jungen Dichtern Novalis und Hölderlin schwärmerisch verehrt wurde.

Goethe und Schiller unterstützten sich bei ihren jeweiligen Zeitschriftenprojekten. Gemeinsam entwickelten sie die Programmatik der so genannten **Weimarer Klassik.** Sie berieten und ermutigten sich gegenseitig bei der Arbeit an ihren literarischen Werken. Sie kämpften Seite an Seite mit – nicht durchweg gelungenen und geschmackvollen – satirischen kleinen Gedichten (Epigrammen) gegen ihre mittelmäßigen Konkurrenten und Widersacher *(Xenien-Streit).* Im so genannten Balladenjahr 1797 schrieben sie gewissermaßen Balladen um die Wette. Schiller nahm Goethes Einladungen an, sich zu intensiverem Austausch zeitweise ganz in dessen Weimarer Haus Am Frauenplan einzuquartieren, und musste sich dabei nur „die leidige Freiheit" ausbitten, „bei Ihnen krank sein zu dürfen" (7. September 1794). Goethe stellte sich dann auf Schiller ein, der kaum einen geregelten Tagesablauf mehr kannte, sondern die Zeiten des Wohlbefindens für die Arbeit nutzte und dazwischen im Bett blieb, unabhängig davon, ob dieser Rhythmus von Verausgabung und Erholung mit dem Wechsel von Tag und Nacht übereinstimmte.

Unter dem Einfluss Schillers beendete Goethe seinen großen Roman *Wilhelm Meisters Lehrjahre.* Schiller seinerseits kehrte zum Dramenschreiben zurück. Zwischen 1796 und 1799 entstanden die drei Teile des *Wallenstein.* Ende 1799 siedelte Schiller mit seiner Familie von Jena nach Weimar über. Im Jahre 1800 beendete er *Maria Stuart* und begann die *Jungfrau von Orleans* zu schreiben, die 1801 fertig wurde. Im Folgejahr fasste er den Plan zu *Wilhelm Tell* und schrieb an der *Braut von Messina*, die er 1803 fertig stellte. 1802 wurde Schiller geadelt. Es ist auch das Todesjahr seiner Mutter. 1804 beendete Schiller sein letztes Drama *Wilhelm Tell.* Der Erfolg dieser Stücke – abgesehen von der *Braut von Messina* – war groß. Schiller setzte sich endgültig als *der* deutsche Dramatiker durch. Der *Demetrius*, das nächste Dramenprojekt, wurde nicht mehr fertig. Am 9. Mai 1805 starb Schiller im Alter von 45 Jahren.

2 Entstehung der „Räuber“

Unter dem Einfluss seiner Lehrer hatte Schiller während seiner Ludwigsburger Kindheitsjahre vor allem die Klassiker der lateinischen Literatur gelesen. Das änderte sich mit dem erzwungenen Eintritt des Dreizehnjährigen in die „militärische Pflanzschule“ des Herzogs Carl Eugen. Schiller hat viel später in einem Brief an Wilhelm von Humboldt rückblickend geäußert, er habe sich „in dem entscheidenden Alter, wo die Gemütsform vielleicht für das ganze Leben bestimmt wird, von 14 bis 24, ausschließlich nur aus modernen Quellen genährt“ (Brief vom 26. Oktober 1795). Diese Aussage deckt sich mit den Erinnerungen von Schillers Schulfreunden und seinem bevorzugten Lehrer Jakob Friedrich Abel. Insbesondere die Werke des Sturm und Drang, der Mitte der Siebzigerjahre seinen Höhepunkt erreichte, trafen mit ihrem Grundzug des Aufbegehrens gegen jede Form von überlebter Autorität die Gemütslage Schillers, der sich nur schwer mit den Regeln der Militärschule abfinden konnte.

Die Beschäftigung mit Literatur war unter den Mitschülern Schillers verbreitet. Die Literatur hatte als Gegenwelt zur oft bedrückenden Realität und als Ausdruck einer schöpferischen Begabung für die damalige junge Generation der Gebildeten einen hohen Stellenwert. Wer Gedichte oder gar größere Werke veröffentlichte, wurde bewundert. Schon gegen Ende der Ludwigsburger Jahre hatte Schiller Dramen verfasst, erste Versuche, die nur dem Titel nach überliefert sind. Die umfassende Bildung, die ihm auf der Akademie vermittelt wurde, erweiterte dann seinen geistigen Horizont so sehr, dass er mit 17 Jahren, zunächst noch tastend und ohne klare Vorstellung vom Ganzen, daran gehen konnte, ein großes und tragfähiges Drama auszuarbeiten.

Schillers Schulfreund Johann Wilhelm Petersen erinnerte sich 1807: „Das Hauptwerk, an welchem er diese Jahre über arbeitete, waren die *Räuber*. [...] Das Stück ist nicht das Werk Eines

Gusses. Schiller arbeitete einzelne Selbstgespräche und Auftritte aus, ehe er das Grundgewebe des Ganzen überdachte, ehe er Anlage, Verwicklung und Entwicklung bestimmt [...] hatte. [...] Schiller widmete den *Räubern* jeden Tag wenigstens einige Stunden, und doch wurden sie nach zehnfacher Abänderung nicht früher als im Jahr 1780 vollendet.“ (Nach: ED, S. 126)

Um einige Stunden täglich an seinem Stück arbeiten zu können, wie Petersen sich vielleicht nicht ganz zuverlässig erinnert, musste Schiller sich Freiräume schaffen, welche die Akademie eigentlich nicht bot – auch wenn Schiller zuletzt keinem engen Stundenplan mehr unterworfen war, sondern hauptsächlich an seiner medizinischen Doktorarbeit schrieb, die erst im dritten Anlauf akzeptiert wurde; die zuvor eingereichten Dissertationen waren als zu unausgereift, vor allem aber als zu provozierend in ihren selbstbewussten Angriffen auf herrschende Lehrmeinungen abgelehnt worden. Schillers Schwester Christophine schrieb, ihr Bruder habe *Die Räuber* „in den Nebenstunden und größtentheils im Krankenzimmer“ entworfen, „das er oft Fieberanfälle wegen wochenlang hüten mußte“ (ED, S. 124). Etwas im Widerspruch dazu berichtete sie an anderer Stelle, Schiller habe sich oft krank gemeldet, da im Schlafsaal das Licht abends nicht lang habe brennen dürfen, anders als in der Krankenstation. „In solcher Lage wurden die *Räuber* zum Teil geschrieben. Manchmal visitierte der Herzog den Saal; dann fuhren die *Räuber* unter den Tisch; ein unter ihnen liegendes medizinisches Buch erzeugte den Glauben, Schiller benutze die schlaflosen Nächte für seine Wissenschaft.“ (ED, S. 124)

Eine bekannte Zeichnung von Schillers Mitschüler Victor Heideloff zeigt, wie Schiller einigen näheren Freunden, darunter Heideloff, im Bopserwald bei Stuttgart aus dem Manuskript der *Räuber* vorträgt, nachdem sich das Grüppchen bei einem Spaziergang von den anderen Zöglingen und dem Aufsicht führenden Hauptmann abgesondert hatte.

Schiller liest seinen Freunden im Bopserwald bei Stuttgart aus den *Räubern* vor. Federzeichnung von Victor Heideloff (1757–1816).

Ende November oder Anfang Dezember **1780** muss Schiller den Eindruck gewonnen haben, das **Stück** sei nun endgültig **fertig,** denn in diesen Wochen versicherte er seinem Freund Petersen schriftlich, wie sehr ihm „an der Herausgabe meines Trauerspiels gelegen“ sei – denn erstens habe er es auf die dadurch zu erzielenden Einnahmen abgesehen; zweitens wolle er natürlich wissen, ob das Stück, das unter seinen Freunden so viel Anklang gefunden habe, auch vor „dem unbestochenen Richter dem Publicum“ bestehen werde und was für ein Schicksal er „als Dramatiker, als Autor zu erwarten habe“; drittens aber würden ihm „Schrifften aus dem Felde der Poesie, Tragödien usw. […] in meinem Plane, Profeßor in der Physiologie und Medicin zu werden hinderlich seyn. Darum such ich sie hier schon wegzuräumen.“ Dieses dritte Motiv, das Schiller ausdrücklich als „ganz ächt“ bezeichnet, klingt dennoch nicht recht aufrichtig. Zumindest steht es im Widerspruch zum zweiten Motiv, seine Chancen auf eine Existenz als Schriftsteller auszuloten. Petersen hatte bereits den Auftrag erhalten, die Drucklegung des Dramas unter größtmöglicher Geheimhaltung in die Wege zu leiten. Wenn die Sache durchsickere, solle er einen seiner Brüder „als Autor davon ausstreuen“. Der Brief schließt mit einer ganz im kraftgenialischen Ton des Sturm und Drang gehaltenen Versicherung: „Höre Kerl! wenns reussirt [wenn die Sache gelingt]. Ich will mir ein paar Bouteillen [Flaschen] Burgunder drauf schmeken laßen.“ (ED, S. 127 f.)

Vorerst wurde aus all diesen Hoffnungen nichts. Zunächst fand sich kein Verleger für das Stück. Also ließ Schiller es im Frühjahr **1781 anonym auf eigene Kosten im Selbstverlag** in einer Auflage von 800 Exemplaren **drucken.** Als das Stück bereits gedruckt wurde, änderte Schiller noch einmal am ersten Akt, in dem er manche besonders krasse Stellen abmilderte. Die ursprüngliche Fassung dieses Aktes ist als „unterdrückter Bogen B“ überliefert. Um die Druckkosten begleichen zu können, musste Schiller Schulden aufnehmen. Diese Schulden, die sich in den Folgejahren mit Zins und Zinseszins vermehrten, bildeten den Anfang von Schillers langjähriger finanzieller Misere, die sich erst gegen Ende seines Lebens legte.

Da niemand Werbung für die Neuerscheinung machte, blieb ein Großteil der Auflage liegen. Sie stapelte sich in einer Ecke des Parterrezimmers, das der junge Regimentsmedikus in der Wohnung der Hauptmannswitwe Luise Dorothea Vischer am Langen Graben in Stuttgart gemietet hatte. Schiller führte, nachdem er der Disziplin der Militärakademie entkommen war, eine betont unordentliche Existenz, traf sich mit Bekannten im *Goldenen Ochsen* zum Kegeln oder Kartenspielen und genoss seinen ungeregelten Lebenswandel. Über Schillers damalige Behausung schrieb Friedrich Scharffenstein 1837: „Schiller wohnte in einem kleinen Zimmer […], wo außer einem großen Tisch, zwei Bänken und der […] schmalen Garderobe, angestrichenen Hosen etc., nichts anzutreffen war als in einem Eck ganze Ballen der *Räuber,* in dem andern ein Haufen Kartoffeln mit leeren Tellern, Bouteillen und dergleichen unter einander.“ (ED, S. 129)

Schon während der Drucklegung hatte Schiller Ende März 1781 die Druckbögen der ersten beiden Akte seines Stücks mit dem Angebot an den Mannheimer Buchhändler und Verleger **Christian Friedrich Schwan** geschickt, die ganze Auflage aufzukaufen, wie Schwan sich 1811 in einem Brief an Christian Gottfried Körner erinnerte. Schwan las die Szenen und lehnte daraufhin das Angebot ab, weil er dem Publikum ein so unschickliches Stück nicht zumuten wollte. Er war jedoch angetan genug, um den Text dem Intendanten des Mannheimer Theaters, dem **Reichsfreiherrn von Dalberg,** und einigen wichtigen Schauspielern des Mannheimer Theaters vorzulesen, die zu dem einstimmigen Urteil gelangten, „daß die Räuber, wenn sie […] mit einigen Veränderungen, die das Theater-Costüm nothwendig machte, aufgeführt würden, eine große Wirkung machen müßten. Er [Schiller] antwortete mir [Schwan] unverzüglich, daß er, mit den Regeln der Dramaturgie unbekannt, dazu willig und bereit sey; ich möchte nur die Stellen unterstreichen, die uns anstößig wären, und ihm einen Fingerzeig geben, wie gewisse Auftritte […] einzurichten wären.“ (ED, S. 130)

Das im Auftrag des pfälzischen Kurfürsten Carl Theodor entstandene **Mannheimer Theater** war erst vier Jahre zuvor, Anfang 1777, eröffnet worden. Die moderne, zweckmäßige Bühne war komplett unterkellert – was im vierten Akt der *Räuber*, bei der Befreiung des alten Moor aus seinem unterirdischen Verließ, vermutlich effektvoll genutzt werden konnte – und hatte ausgedehnte Stellflächen für Kulissenbauten, was für die Inszenierung von Schillers Stück mit seinen häufigen Schauplatzwechseln ebenfalls günstige Voraussetzungen bot. Mit seinen 1 200 Logenplätzen war das Mannheimer Theater schon bald ein überregionaler Anziehungspunkt. Als der Kurfürst seinen Hof 1778 nach München verlegte, um die Nachfolge Maximilians III. anzutreten, ging das Theater in die Hände der Stadt und damit des Bürgertums über. Der Kurfürst zahlte nur noch einen Zuschuss. 1780 übernahm der 30-jährige Reichsfreiherr Wolfgang Heribert von Dalberg das Amt des Intendanten. Dalberg engagierte sich auch für jüngere deutsche Dramatiker wie den Schauspieler Iffland, der zu einem der populärsten Stückeschreiber seiner Zeit wurde.

Reichsfreiherr Wolfgang Heribert von Dalberg (1750–1806)

Dalberg war jedoch – obwohl er sogar eigene Übersetzungen von Stücken Shakespeares, des Leitsterns der Stürmer und Dränger, anfertigte und aufführen ließ – kein Förderer der Geniebewegung. Deren provokanter Stil lag ihm fern. Schiller bekam das zu spüren, als Dalberg ihm seine Wünsche hinsichtlich der *Räuber* unterbreitete.

Der Kernpunkt von Dalbergs Forderungen war, das Stück in die Zeit des frühen 16. Jahrhunderts, in der auch Goethes *Götz von Berlichingen* spielt, zurückzuverlegen. Ein Stück, in dem eine Räuberbande mordend durch die Lande zieht und sich immer wieder erfolgreich dem Zugriff der Obrigkeit entzieht, in der Gegenwart anzusiedeln, schien ihm nicht angebracht. Er argumentierte, dass dies bei der Effektivität der modernen Strafverfolgung nicht realistisch sei. Der junge Autor gab ihm in diesem Punkt beflissen recht, obwohl er darauf hätte verweisen können, dass eben solche Banden, wie er sie beschrieb, besonders im süddeutschen Raum ihr Unwesen trieben, ohne dass es gelang, ihnen ein für alle Mal das Handwerk zu legen. Gerade die tatsächliche Nähe des Stücks zur zeitgenössischen Wirklichkeit war es aber wohl, die Dalberg bedenklich gestimmt hatte.

Schiller wehrte sich beredt gegen die **Forderung, sein Gegenwartsdrama zu einem Ritterstück zu machen.** Seine Entscheidung, das Stück in der Gegenwart spielen zu lassen, sei vielleicht anfechtbar, dieser mögliche Fehler sei nun aber derart in das „Grundwesen“ des Dramas „verflochten“, dass er „nicht ohne Destruktion des ganzen aufgehoben werden“ könne: Denn alle Personen des Stücks sprächen „zu modern, zu aufgeklärt für die damalige Zeit. [...] Die Simplicitaet [Einfachheit], die uns der Verfasser des Göz v Berlichingen so lebhaft gezeichnet hat, fehlt ganz. Viele Tiraden [Reden], kleine und große Züge, Karaktere sogar sind aus dem Schoos unserer gegenwärtigen Welt herausgehoben, und taugten nichts in dem Maximilianischen Alter [Zeitalter des Kaisers Maximilian].“ (Brief an Dalberg vom 12. Dezember 1781, vgl. auch den Brief vom 3. November 1781)

Besonders auf die beiden Hauptfiguren Karl und Franz trifft das zu. Karls Ekel vor dem „tintenklecksenden Säkulum [Jahrhundert]“ (S. 21) ist nur als Ausdruck der Verachtung für eine immer stärker reglementierte, gewissermaßen von Stubenhockern verwaltete Welt nachvollziehbar. Seine Kritik trifft die Verhältnisse im sich gerade formierenden bürgerlichen Zeitalter. Auf die frühe Neuzeit bezogen, in der Goethes *Götz von Berlichingen* spielt, ist diese Kritik sinnlos. Auch Franz ist ganz ein Geschöpf des 18. Jahrhunderts, wie sich an den medizinischen und moralphilosophischen Vorstellungen zeigt, die er in seinen Monologen aufgreift (vgl. *Interpretationshilfe,* S. 87 ff., 110 ff.).

Trotz seiner berechtigten Einwände blieb Schiller nichts anderes übrig, als sich den Vorstellungen Dalbergs zu fügen. Auch musste das Stück zwei Mal **erheblich gekürzt** werden.

Schiller begann mit der Umarbeitung im August 1781, kam aber nicht so schnell wie erhofft damit zu Rande. Das lag mit an einer Ruhrepidemie, die in dem von ihm ärztlich betreuten Regiment ausgebrochen war. Doch auch die Arbeit selbst war mühselig. Als er Dalberg am 6. Oktober 1781 die **neue Fassung** schickte – „Hier erscheint endlich der *Verlorne Sohn,* oder die umgeschmolzenen Räuber“ –, versicherte er, „daß ich mit weniger Anstrengung des Geists und gewiß noch mit weit mehr Vergnügen ein neues Stük, ja selbst ein Meisterstük schaffen wollte, als mich der nun gethanen Arbeit nochmals unterziehen.“

Aber auch dies blieb ihm nicht erspart. **Dalberg** war auch mit der überarbeiteten Fassung nicht zufrieden und **legte nun selbst Hand an den Text.** Unter anderem strich er die Figur des Pfarrers Moser (V, 1) und sorgte dafür, dass der Pater, der in der dritten Szene des zweiten Akts als Unterhändler der Obrigkeit auftritt, in weniger negativem Licht erscheint. Schiller musste sich auch solche Änderungen gefallen lassen und bestand nun nur noch darauf, dass das Stück, das parallel zur Aufführung nun doch bei Schwan herauskommen sollte, dort „nach der 1sten Anlage“ gedruckt werde (Brief vom 12. Dezember 1781). Im selben Brief stimmte er der Notwendigkeit einer weiteren Kürzung der Bühnenfassung zu, bemerkte aber, wohl mit Blick auf Dalbergs Eingriffe in seinen Text: „Ich wünschte nicht daß jemand anders, als ich, sich dieser Arbeit unterzöge.“ Er selbst könne das jedoch nur, wenn er von der unmittelbaren Anschauung einer Probe ausgehe. Dieser Vorschlag wurde angenommen. Auf seine Bitte hin erstattete man ihm auch die Reisekosten.

Die **Uraufführung** fand **am 13. Januar 1782** statt. Schiller hatte dazu, auf Anregung Dalbergs, einen Theaterzettel mit knappen Charakterisierungen des Stücks und der wichtigsten Figuren verfasst *(Der Verfasser an das Publikum).* Ohne Urlaub zu beantragen, war er zur Premiere mit seinem Freund Petersen nochmals von Stuttgart aus angereist. Da er am Stadttor seinen Namen genannt hatte, verbreitete sich die Nachricht von der persönlichen Anwesenheit des jungen Dramatikers rasch.

Die Uraufführung der *Räuber* gilt als einer der größten Theatererfolge überhaupt. Dieses Urteil stützt sich in erster Linie auf den Bericht eines anonymen Augenzeugen, der seither immer zitiert wird: „Das Theater glich einem Irrenhause, rollende Augen, geballte Fäuste, stampfende Füße, heisere Aufschreie im Zuschauerraum! Fremde Menschen fielen einander schluchzend in die Arme, Frauen wankten, einer Ohnmacht nahe, zur Thüre. Es war eine allgemeine Auflösung wie im Chaos, aus deßen Nebeln eine neue Schöpfung hervorbricht!“ (ED, S. 144) Vermutlich ist dieser Bericht eine Übertreibung. Zu bewusst ist das Chaos im Zuschauerraum als Gegensatz zum großen Kunstwerk stilisiert, das um so strahlender aus ihm aufsteigt. Auch ist die Behauptung, dass die Schöpfung, nämlich das Drama, gewissermaßen ein Produkt der kollektiven Erregung der Zuschauer ist, nicht sonderlich überzeugend. Glaubwürdiger ist der Bericht von Schillers treuem Freund Andreas Streicher, der nicht im Verdacht stehen kann, er habe Schillers Erfolg schmälern wollen. Streicher schrieb in seinen Erinnerungen, aus der ganzen Region sei das Publikum „herbeigeströmt, um dieses berüchtigte Stück, das eine außerordentliche Publizität erlangt hatte, von Künstlern aufführen zu sehen, die auch unbedeutende Rollen mit täuschender Wahrheit gaben und nun hier um so stärker wirken konnten, je gedrängter die Sprache, je neuer die Ausdrücke, je ungeheurer und schrecklicher die Gegenstände waren, welche dem Zuschauer vorgeführt werden sollten. […] Die ersten drei Akte machten die Wirkung nicht, die man im Lesen davon erwartete; aber die letzten drei enthielten alles, um auch die gespanntesten Forderungen zu befriedigen.“ (*Schillers Flucht von Stuttgart und Aufenthalt in Mannheim von 1782 bis 1785,* erschienen 1836)

Der folgenden Interpretation von Schillers Erstlingswerk liegt die Fassung des **Erstdrucks vom Frühjahr 1781** zugrunde. Sie hat sich als die authentischste Fassung allgemein durchgesetzt.

Inhaltsangabe

Erster Akt, erste Szene

Im Schloss des regierenden Grafen Maximilian von Moor in Franken intrigiert dessen Sohn Franz gegen seinen abwesenden älteren Bruder Karl. Er gibt vor, soeben aus Leipzig briefliche Nachrichten über Karl erhalten zu haben, die jedoch so schlimm seien, dass er dem alten Vater den Brief aus Schonung nicht selbst zu lesen geben, sondern nur die erträglichsten Stellen daraus mitteilen könne. In lebhaften Farben wird in dem Brief die Verworfenheit Karls geschildert: Er hat angeblich viertausend Dukaten Schulden gemacht, die Tochter eines Leipziger Bankiers verführt, deren Verlobten im Duell getötet und sich der Strafverfolgung entzogen. Nun wird er steckbrieflich gesucht.

Der alte Graf von Moor ist erschüttert darüber, dass sich sein Lieblingssohn zu solchen Untaten hat hinreißen lassen. Franz zerreißt daraufhin den Brief und beschwört den Vater, den darin enthaltenen Nachrichten keinen Glauben zu schenken. Das hält ihn jedoch nicht davon ab, dem Vater in einer langen Rede die Schlechtigkeit Karls vor Augen zu führen, die sich schon während dessen Kindheit im Keim gezeigt habe, sowie die Ungerechtigkeit des Vaters, der ihn seit jeher weniger geliebt habe als Karl, welchem schon immer alle Herzen zugeflogen sind. Der verunsicherte Graf bittet Franz um Verzeihung. Franz fordert daraufhin, dass der Vater sich von dem älteren Sohn lossagen solle. Der alte Moor, obschon in der Defensive, kann sich dazu nicht entschließen. Erst als Franz seine Forderung als wirksame pädagogische Maßnahme darstellt, die Karl am ehesten zur Besinnung bringen werde, stimmt der Vater zu. Er will Karl in diesem Sinne schreiben. Franz schlägt stattdessen vor, dass *er* dem Bruder den Willen des Vaters mitteilt. Dieser lässt auch das geschehen und verlässt traurig den Raum, nachdem er Franz noch zweimal eindringlich gebeten hat, *seinen Sohn* – gemeint ist Karl – mit dem Brief nicht zur Verzweiflung zu bringen.

Die Szene schließt mit einem langen Monolog von Franz, in dem dieser in zynischer Weise sein Verhalten rechtfertigt. Nebenher sammelt er die Fetzen des zerrissenen Briefes auf, den er selbst geschrieben hat. Seine Handschrift würde gegen ihn zeugen und die hässliche Intrige auffliegen lassen.

Erster Akt, zweite Szene

In einem Gasthaus an der sächsischen Grenze ist Karl von Moor in die Lektüre von Plutarchs *Parallelbiographien* vertieft. Sein Gefährte Spiegelberg sitzt trinkend am Tisch. Als Karl das Buch weglegt, kommen die beiden ins Gespräch.

Karl zeigt sich angeekelt von der Zeit, in der er lebt. Diese kennt keine Helden mehr, sondern nur Schwächlinge, die vom Schreibtisch aus bequem und selbstgefällig die Taten der Vergangenheit gering reden. Sie erreichen mit Heuchelei und Heimtücke, was vormals nur mit Verwegenheit und unter Einsatz des eigenen Lebens zu erlangen war. Spiegelberg versucht Karl für seine fantastischen Projekte zu gewinnen. Karl wehrt ab. Er möchte sich auf keine weiteren Narrheiten einlassen. Für Spiegelbergs Selbstüberschätzung hat Karl nur ruhige Verachtung übrig. Er hat seinem Vater einen reuevollen aufrichtigen Brief geschrieben und erwartet nun dessen Antwort. Er ist sich sicher, dass ihm der Vater vergeben wird und dass es für ihn einen Weg zurück in sein altes Leben gibt. Von seinen Genossen möchte er Abschied nehmen.

Fünf dieser Kameraden treten auf und warnen vor der Gefahr, aufgespürt und gefangen genommen zu werden. Als letzter kommt Schwarz hinzu. Er bringt Karl den ersehnten Brief. Als dieser ihn liest, wird er bleich. Schließlich wirft er ihn zu Boden und stürzt hinaus. Roller nimmt den Brief auf und liest ihn den anderen vor. Es ist der Brief, den Franz geschrieben hat. Karl wird darin für seine Untaten unwiderruflich verdammt.

Spiegelberg nutzt Karls Abwesenheit, die anderen dazu zu überreden, sich zu einer Räuberbande zusammenzuschließen. Er möchte, dass sie ihn – als den Gescheitesten und Fantasievollsten, der ihnen eine gemeinsame Vision bieten kann – zu ihrem Anführer machen. Roller jedoch spricht aus, was wohl alle denken, dass ohne ihren Genossen Moor das ganze Unternehmen scheitern muss und dass nur er als Haupt der Räuber in Frage kommt.

In diesem Augenblick kommt Moor wieder herein. Für ihn ist eine Welt zusammengebrochen. Er fühlt sich vom Vater verraten. Dies nimmt er als Anzeichen dafür, dass die Menschheit insgesamt ihre Menschlichkeit eingebüßt hat. Er verspürt ein wildes Verlangen, für diese Enttäuschung Rache zu nehmen. Fiebrig erregt und überschwänglich geht er auf das Angebot der anderen ein, ihr Anführer zu werden. Er formuliert einen gegenseitigen Treueschwur, der die Genossen bis in den Tod aneinander bindet. Alle schwören. Nur Spiegelberg hält sich wütend abseits.

Erster Akt, dritte Szene

Im Schloss seines Vaters erhält Franz von Moor eine Abfuhr von Amalia von Edelreich, die seinen Bruder Karl liebt. Franz begehrt sie und versucht, sie für sich zu gewinnen. Amalia jedoch ist empört darüber, dass der Graf seinen älteren Sohn verstoßen hat, und durchschaut Franz, auch wenn sie sich aus Sorge um den von allen verlassenen Karl vorübergehend dazu verleiten lässt, ihm zu vertrauen. Letztlich aber errät sie sein falsches Spiel. Sie sagt Franz, dass sie ihn verachtet, und schickt ihn weg. Dieser geht zornig ab, nachdem er angekündigt hat, dass sie noch vor ihm zittern werde. Die Szene beschließt ein kurzer Monolog Amalias, in dem sie sich leidenschaftlich zu Karl bekennt. Dabei reißt sie sich die Perlen vom Hals, weil diese Symbole üppigen Wohlstands sie anwidern, solange ihr Geliebter in der Fremde in Lumpen geht.

Zweiter Akt, erste Szene

Elf Monate später ist Franz noch immer nicht am Ziel seiner Wünsche. Im Eingangsmonolog des zweites Aktes sucht er nach einem Mittel, den Tod seines Vaters herbeizuführen, ohne dass er ihn eigenhändig umbringen muss und ohne dass ihm später etwas nachgewiesen werden kann. Er kommt zu dem Schluss, dass der Vater einen plötzlichen gewaltigen Schrecken, der eine tiefe Verzweiflung auslöst, nicht überleben werde.

Wie gerufen tritt Hermann auf, der uneheliche Sohn eines Edelmannes, der ebenfalls ein Feind Karls ist, weil dieser seine eigenen Hoffnungen auf Amalia zunichte gemacht hat. Hermann versichert, dass er Franz viel lieber als Erben des alten Moor sähe als Karl, und Franz verspricht ihm für diesen Fall seine Gunst und Hilfe. Hermann geht auf den Vorschlag von Franz ein, sich als Fremder unkenntlich zu machen, den alten Moor aufzusuchen und ihm die Nachricht vom Tode Karls zu überbringen. Franz hat auch schon ein Paket mit Instruktionen und gefälschten materiellen Beweisen vorbereitet (was etwas im Widerspruch zu seinem Anfangsmonolog steht, in dem der Plan erst ersonnen wurde). Nachdem Hermann gegangen ist, deutet Franz an, dass er keineswegs gewillt ist, ihm Amalia zu überlassen.

Zweiter Akt, zweite Szene

Amalia sucht den alten Moor in seinem Schlafzimmer auf und findet ihn schlafend vor. Sie kann dem ehrwürdigen Greis nicht böse sein, auch wenn er sich hat überreden lassen, ihren Geliebten zu verdammen. In unruhigen Träumen ruft der alte Moor nach seinem Sohn. Amalia weckt ihn. Er bekennt, dass er zumindest im Traum gehofft hatte, von seinem Sohn Verzeihung zu erlangen. Er beklagt auch, Amalia um die Freuden ihrer Jugend gebracht zu haben. Schwärmend betrachten sie ein Porträt Karls, das Amalia vor Jahren gemalt hat. Dann setzt sich Amalia ans Klavier und singt ein Lied, das sie früher oft mit Karl gesungen hat.

Der Diener Daniel tritt ein und meldet einen Fremden, der wichtige Nachrichten bringe. Als Amalia ihr Lied beendet hat, erscheint der verkleidete Hermann in Begleitung von Franz. Hermann trägt seinen falschen Bericht vom Sterben Karls vor, der sich angeblich aus Verzweiflung über den Fluch seines Vaters der preußischen Armee angeschlossen und dort in einer Schlacht bei Prag den gesuchten Tod gefunden hat. Der alte Moor schreit grässlich auf. Er glaubt, seinen Sohn in den Tod getrieben zu haben. Franz spielt wieder seine Rolle des bestürzten loyalen Sohns. Als Hermann noch das Schwert Karls vorweist sowie ein Porträt Amalias, das Karl seinem Bruder zugedacht habe, wirft Amalia dem Fremden vor, ein Betrüger zu sein. Doch die Echtheit des Bildes und Hermanns Auskunft, Karls letzter Seufzer habe Amalia gegolten, überzeugen sie dann doch von der Glaubwürdigkeit der Nachricht. Im Abgehen raunt Hermann Franz leise zu, dass er nicht mit allen seinen Einfällen einverstanden sei.

Franz hat sogar mit Blut den angeblich letzten Willen Karls auf dessen angebliches Schwert notiert: Franz soll Amalia nicht verlassen und Amalia sei nicht mehr an ihren Treueeid gebunden. Erschüttert verlässt Amalia den Raum, der alte Moor und Franz bleiben allein zurück. Sie beschuldigen sich gegenseitig, die Verantwortung am Tod Karls zu tragen. Der alte Moor versucht, Franz zu würgen, woraufhin dieser ihn zurückschleudert. Offen ruft Franz dem Vater zu, dass er endlich sterben solle. Dann geht er ab. Der alte Moor verflucht ihn und klagt, dass er nach dem Vorangegangenen dennoch weiterleben muss.

Amalia kehrt verweint und milde gestimmt zurück. Ihre ganze Hoffnung richtet sich nun darauf, Karl im Jenseits wiederzusehen. Sie beneidet den alten Moor um sein Alter, das ihm eine schnellere Wiedervereinigung mit Karl verheißt. Der alte Moor bangt, ob Karl ihm vergeben werde, zeigt sich aber dem Trost Amalias zugänglich. Als Franz wieder hereinkommt, möchte er sich auch mit ihm versöhnen. Er vergleicht sich mit Jakob aus dem Alten Testament, der ebenfalls seinen Lieblingssohn verlor. Amalia liest ihm auf seine Bitte hin die Stelle vor, in der Josephs Brüder dem Vater den angeblichen Tod Josephs melden. Sie ahnen nicht, wie sehr ihre eigene Situation der Geschichte gleicht. Franz jedoch verlässt betroffen das Zimmer. Auch der alte Moor steigert sich wieder in seine Schuld hinein. Er glaubt zu sterben. Amalia denkt, er sei tot, und läuft verzweifelt hinaus.

Angelockt von den Schreckensschreien, die das Schloss erfüllen, kehrt Franz zurück. Selbst darüber im Ungewissen, ob der Vater tot ist oder nur schläft, drückt er ihm die Augen zu. Er glaubt nun am Ziel zu sein und malt sich aus, wie er als Nachfolger seines Vaters herrschen wird: nicht gütig wie dieser und dadurch allgemein geliebt, sondern brutal und rücksichtslos, denn man soll ihn fürchten.

Zweiter Akt, dritte Szene

In den böhmischen Wäldern lagert Moors Räuberhaufen. Spiegelberg tritt auf und wird von Razmann begrüßt, dem er von seinen jüngsten Heldentaten erzählt. Er hat eine große Zahl neuer Räuber angeworben. Stolz erwähnt er, dass alle Zeitungen über ihn berichten. Das hat ihn auf die Idee gebracht, mithilfe einer falschen Personenbeschreibung einen Unschuldigen an den Galgen zu bringen. Als weiteren Spaß berichtet er davon, wie er mit seinen Leuten ein Nonnenkloster überfallen und geplündert habe, wobei die Räuber den Nonnen zuerst die Kleider weggenommen und sie dann vergewaltigt haben. Razmann ärgert sich, nicht mit von der Partie gewesen zu sein. Spiegelberg erzählt daraufhin von seinen Kunstgriffen, mit denen er das für die Bande geeignete Gesindel ausfindig macht, aber auch rechtschaffene Leute verführt und verdirbt, um sie den Räubern zuzuführen. Razmann erwähnt den Hauptmann Moor, der ähnlich erfolgreich dabei ist, neue Leute anzuwerben. Razmann meint, dass die Leute Moor gerne dienen, weil er – im Gegensatz zu ihnen selbst – edle

Motive hat. Er verteilt seinen Beuteanteil an Bedürftige weiter und beraubt und misshandelt die Reichen und Privilegierten.

Zwischendurch wird die Unterhaltung durch einen Knall gestört; später riecht es nach Pulver. Zuletzt kommt Schwarz in vollem Lauf und berichtet atemlos vom Schicksal Rollers, der schon drei Wochen zuvor gefasst worden war, was man aber erst gestern, einen Tag vor dem Hinrichtungstermin, erfahren habe. Moor habe sich als Mönch verkleidet zu Roller, der ihm unter seinen Leute am meisten gelte, ins Gefängnis geschlichen, um dessen Platz einzunehmen, was Roller abgelehnt habe. Moor habe daraufhin geschworen, Roller zumindest eine Todesfackel anzuzünden, wie sie noch keinem König geleuchtet habe.

Weitere Räuber treten auf, unter ihnen Moor zu Pferd und Roller. Dieser berichtet von seiner Rettung: Er stand schon unterm Galgen, als die Räuber die Stadt an allen Enden anzündeten und den Pulverturm in die Luft sprengten, woraufhin Panik ausbrach. Im Getümmel konnte Roller fliehen. Die Räuber nutzten den Tumult, um Kirchen und Geschäfte zu plündern. Schufterle berichtet von 83 Toten, woraufhin Moor sehr ernst zu Roller sagt, er sei teuer bezahlt. Schufterle wirft verächtlich ein, es habe sich nur um Neugeborene, Kleinkinder, Alte oder Schwangere gehandelt, die nicht rechtzeitig aus den Häusern gekommen seien. Ein weinendes Kind habe er selbst ins Feuer geworfen.

Von Grausen und Empörung erfüllt verflucht Moor den Kindermörder und verstößt ihn aus der Bande. Die Räuber murren. Moor wirft seine Autorität in die Waagschale und kündigt an, demnächst weitere Auslese zu treffen. Die Leute gehen auseinander, Moor bleibt allein zurück. In einem Monolog wendet er sich an Gott. Er will die Verantwortung für diese Taten nicht tragen. Er glaubt, als Rächer der Benachteiligten, als Kämpfer für die Gerechtigkeit gescheitert zu sein, und erkennt die Anmaßung, die in dieser Rolle liegt. Er möchte von den Räubern fortgehen und sich vor den Menschen verstecken.

Da verbreitet sich die Nachricht, dass die Räuber von einer gewaltigen Macht Bewaffneter umzingelt seien. Moor wartet ab, bis sein Räuberhaufen vollends eingeschlossen ist, damit sie gewissermaßen mit dem Rücken an der Wand und wilder Entschlossenheit kämpfen. Dann gibt er Anweisungen für den Kampf. Achtzig Räuber stehen gegen 1 700 Bewaffnete.

Vor dem Kampf tritt als Unterhändler der weltlichen Ordnungsmacht ein Pater auf. Er beschimpft Moor, der sich jedoch nicht provozieren lässt. Als besondere Milde der Obrigkeit kündigt der Pater an, dass Moor, wenn er sich mit seinen Leuten kampflos ergebe, lediglich aufs Rad geflochten werden solle. Die Räuber wollen sich auf den Pater stürzen. Moor hält sie zurück und bekennt sich zu allen ihm vorgeworfenen Taten und noch darüber hinaus zu weiteren Anschlägen gegen korrupte und grausame Angehörige der herrschenden Klassen. Dann hält er dem Pater seine Scheinheiligkeit vor. Er selbst räumt ein, dass er sich dereinst für seine Taten werde verantworten müssen, jedoch vor Gott und nicht vor einer verbrecherischen Obrigkeit. Der Pater wendet sich nun an die Räuber und bietet ihnen Straffreiheit an, wenn sie ihren Hauptmann ausliefern. Zu seiner Überraschung fordert Moor seine Leute in provozierender Weise auf, sich diese Chance, ihr Leben zu retten, nicht entgehen zu lassen. Empört weisen die Räuber jedoch einen solchen Verrat von sich. Freudig bekennt sich nun auch Moor wieder zu seinen Kameraden. Hinter der Szene wird zum Angriff geblasen. Der Kampf beginnt.

Dritter Akt, erste Szene

Im Schloss hat sich Amalia von einer Gastgesellschaft abgesondert und erinnert sich im Garten in einem wehmütigen Lied an ihr verlorenes Glück. Franz, der neue Schlossherr, ist ihr gefolgt und bedrängt sie erneut. Seine Drohung, sie ihr Leben hinter Klostermauern fristen zu lassen, begrüßt sie als willkommenen Ausweg, ihn nicht länger ertragen zu müssen. Wütend kündigt er an, sie zur Heirat zu zwingen, sie gar nur zu seiner Mätresse zu machen. Sie entreißt ihm seinen Degen und jagt ihn hinaus.

Hermann tritt auf. Von Gewissensbissen geplagt gesteht er Amalia sein falsches Spiel und dass Karl noch lebe. Auch ihr Oheim (der alte Moor) sei noch am Leben. Sie möge ihn nicht verraten. Amalia steht jedoch so unter dem Eindruck der ersten Nachricht, dass die zweite kaum zu ihr durchdringt.

Dritter Akt, zweite Szene

Die Räuber lagern in der Nähe der Donau. Moor wird von einer weichen, wehmütigen Stimmung übermannt. Er beklagt den Verlust seiner Unschuld. Die Räuber sind von seinen Reden befremdet. Karl fühlt sich als Anführer der Räuber umgeben von Schlangen und mit eisernen Banden an das Laster angeschmiedet, wie er es ausdrückt. Er denkt an das Schloss seines Vaters und die Heimat. All dies scheint ihm unwiederbringlich verloren.

Im Gefecht mit den Truppen der Obrigkeit ist nur Roller gefallen, die Gegenseite hat 300 Mann eingebüßt. Bewegt von solcher Tapferkeit – und weil er für sich ohnehin keine Hoffnung mehr hegt –, schwört Moor seinen Leuten, sie niemals zu verlassen.

Ein Fremder tritt auf, der den Räuberhauptmann Moor sucht, um sich seiner Bande anzuschließen. Moor versucht, ihn von einem womöglich übereilten Schritt abzuhalten. Nun erzählt Kosinsky seine Geschichte: Er ist ein böhmischer Edelmann, besaß ein großes Rittergut und stand kurz vor der Hochzeit mit seiner geliebten Amalia, als er durch den Fürsten und dessen intriganten Minister schuldlos um sein Lebensglück gebracht wurde. Er wurde des Landes verwiesen, seine Güter wurden konfisziert und Amalia vertrauert in der Hand des Fürsten ihr Leben.

Die Erzählung hat in Moor die Erinnerung an seine eigene verlorene Geliebte aufgewühlt. Unwiderstehlich wird der Drang, Amalia wiederzusehen. Sofort ordnet er den Aufbruch nach Franken an. Kosinsky darf sich der Bande anschließen.

Vierter Akt, erste Szene

Moor befindet sich wieder auf heimatlichem Boden. Andächtig küsst er die Vaterlandserde und erinnert sich wehmütig daran, wie er hier seine Kindheit verbracht hat. Sich dem Schloss zu nähern, fehlt ihm fast der Mut: Er fürchtet, nach dem Besuch dort noch elender zu sein als zuvor. Doch sein Drang, Amalia und seinen Vater zu sehen, ist stärker als seine Angst. Gleichwohl ist er von dunklen Ahnungen erfüllt.

Vierter Akt, zweite Szene

Karl lässt sich von Amalia, die ihn nicht erkannt hat, die Bildergalerie des Schlosses zeigen. Vor dem Porträt seines Vaters bleibt er ergriffen stehen. Amalia nimmt Anteil an seiner Rührung. Als Karl vor seinem eigenen Porträt steht und sich erkundigt, wen es darstelle, beginnt Amalia zu weinen und flüchtet aus der Galerie. Karl erkennt, dass sie ihn noch immer liebt. Verzweifelt darüber, dass ihm aufgrund seiner Taten der Weg zu ihr versperrt ist, und weil er glaubt, schuld am Tod seines Vaters zu sein, rennt auch er verzweifelt hinaus.

Franz kommt herein und betrachtet forschend das Porträt seines Bruders. Er hat beobachtet, welchen großen Eindruck der Besucher auf Amalia gemacht hat. Sein Argwohn macht ihn hellsichtig. Er überzeugt sich davon, dass der fremde Graf sein Bruder sein müsse. Will er sich nicht um den Lohn seiner Verbrechen gebracht sehen, muss er auch noch den Bruder aus dem Weg räumen. Er ist dazu entschlossen.

Franz klingelt, woraufhin Daniel, der alte Diener des Hauses, auftritt. Franz unterwirft ihn einem Verhör: ob er mit dem Fremden unter eine Decke stecke? Ob er auf dessen Geheiß den Wein, den er ihm bringt, vergiftet habe? Erschrocken wehrt der treue Diener diese falschen Anschuldigungen ab. Franz will wissen, was der Graf gegenüber Daniel geäußert hat, und spricht zuletzt seinen Verdacht aus, dass es sich bei dem Fremden um seinen

Bruder handle. Er verlangt von Daniel, den Grafen zu töten. Entsetzt bittet dieser darum, ihn von diesem Befehl zu verschonen. Doch Franz kennt kein Erbarmen. Er droht mit fürchterlichen Konsequenzen, wenn Daniel sich dem Auftrag verweigere. Zum Schein geht dieser schließlich darauf ein, nachdem er einen Tag Bedenkzeit erhalten hat. Nachdem Daniel gegangen ist, bekennt sich Franz, dem offenkundig ein wenig vor sich selbst graust, in einem abschließenden Monolog trotzig zu dem Brudermord.

Vierter Akt, dritte Szene

In einem anderen Zimmer des Schlosses begegnen sich Karl und Daniel. Der Diener erkennt Karl an einer Narbe, die dieser sich als Kind an der rechten Hand zugezogen hat. Karl verleugnet sich daraufhin nicht länger und erkundigt sich bei Daniel, wie es seiner Amalia gehe. Daniel versichert ihn ihrer unverbrüchlichen Treue. Zudem macht er Andeutungen über Franz, denen Karl entnimmt, dass ihn sein Vater nur widerstrebend, auf das Betreiben des Bruders hin, verflucht hat. Er erkennt, wie leicht er hätte glücklich werden können, wenn er auf den verhängnisvollen Brief hin herbeigeeilt wäre und seinen Vater persönlich um Verzeihung gebeten hätte. Fassungslos über die Bosheit seines Bruders gibt er Kosinsky, der hinzukommt, Anweisungen für einen eiligen Aufbruch. Er fürchtet, sich nicht beherrschen zu können und seinen Bruder umzubringen, wenn er ihm noch einmal begegne. Doch dann bringt er es nicht über sich, aufzubrechen, ohne Amalia zumindest noch ein letztes Mal gesehen zu haben.

Vierter Akt, vierte Szene

Amalia ist allein im Schlossgarten. Sie ist darüber bestürzt, dass der fremde Graf einen solchen Eindruck auf sie gemacht hat und Karl in ihrem Herzen zu verdrängen droht. Als Karl den Garten betritt, holt sie das Miniaturporträt ihres Geliebten hervor – entschlossen, dem Verschollenen treu zu bleiben. Karl bittet, das

Bild betrachten zu dürfen, und ist betroffen, sich selbst darin zu erblicken. Amalia legt ein schwärmerisches Bekenntnis zu ihrem fernen Geliebten ab. Karl erzählt ihr im Gegenzug von seiner eigenen Geliebten, die ebenfalls Amalia heiße und ihm ebenso ergeben sei – Amalia erblasst, als sie von der ‚anderen' Frau erfährt –, die jedoch sehr unglücklich sei, weil er, wie er andeutet, ein Gezeichneter ist, einer, vor dem man entsetzt zurückschreckt, sobald man alles über ihn weiß. Stolz erklärt Amalia, dass hingegen ihr Geliebter der Inbegriff der Ehrenhaftigkeit und Menschlichkeit sei. Sie nimmt die Laute und singt eine Strophe aus ihrem Lied vom Abschied zwischen Andromache und Hektor (vgl. II,2). Karl nimmt ihr die Laute aus der Hand, setzt das Lied fort und gibt sich auf diese Weise zu erkennen. Dann läuft er weg.

Vierter Akt, fünfte Szene

Die Räuber lagern im nahen Wald bei einem verfallenen Schloss. Sie besingen ihre verworfene Existenz. Die Nacht bricht heran. Moor ist noch nicht zurück. Spiegelberg unternimmt einen neuen Versuch, sich zum Hauptmann aufzuschwingen. Er versucht Razmann zu überreden, Moor hinterrücks umzubringen. Schweizer hat das Gespräch mitgehört und ersticht Spiegelberg.

Moor kommt und betrachtet es als eine Schicksalsfügung, dass Spiegelberg, der ihn seinerzeit dazu verführte, Räuber zu werden, nun auf diese Weise umgekommen ist. Die Räuber erwarten die Befehle ihres Anführers. Doch Moor entzieht sich diesen Ansprüchen. Er lässt sich seine Laute reichen und möchte allein sein.

Es ist Mitternacht. Die Räuber legen sich schlafen. Moor singt. Sein Lied handelt von einer Begegnung zwischen Brutus und dem toten Cäsar. Moor denkt daran, sich umzubringen. Zuletzt aber entschließt er sich, doch noch weiterzuleben, um nicht feige vor der Qual zu fliehen, die das Leben noch für ihn bereithält.

Hermann tritt auf. Er kommt, um einem, der im Turm des verfallenen Schlosses unter der Erde eingeschlossen ist, Essen zu bringen. Als er das Schnarchen der Räuber vernimmt, will er fliehen. Moor hindert ihn daran. Er befreit den Gefangenen und stellt entsetzt fest, dass es sich um seinen Vater handelt. Dieser berichtet, ohne seinen Sohn zu erkennen, dass er schon seit drei Monaten in der Grube sein Leben friste. Auf Moors Frage hin, wer ihm das angetan habe, antwortet er seinem Retter, dieser möge den Täter nicht verfluchen; sein Sohn Franz habe das getan. Der alte Moor berichtet, wie er seinerzeit, nachdem er in Ohnmacht gefallen war, erst im geschlossenen Sarg wieder erwachte. Als er verzweifelt klopfte, öffnete Franz den Sargdeckel, um ihn im nächsten Augenblick mit einer grauenhaften Verwünschung wieder zuzuschlagen. Der Sarg wurde erst wieder – von Franz und Hermann – vor dem Gewölbe geöffnet, in dem der alte Moor seither gefangen gehalten worden ist. Vergebens hatte der alte Graf seinen Sohn angefleht, ihn nicht in der Grube verhungern zu lassen. Vor diesem Schicksal bewahrte ihn die Reue Hermanns, der ihn seither heimlich mit Essen versorgt hat.

Außer sich vor Empörung scheucht Moor die Räuber aus dem Schlaf, damit auch sie von dem monströsen Verbrechen hören. Er schwört, diesen Vatermord blutig zu rächen. Die Räuber fordert er dazu auf, einmal nicht Unrecht zu tun, sondern als Werkzeug höherer Gewalten, gewissermaßen eines göttlichen Strafgerichts eine aus den Fugen geratene Welt wieder ins Gleichgewicht zu bringen. Schweizer erhält den ehrenvollen Auftrag, den Schlossherrn herbeizuschaffen – lebendig, wie Moor ihm einschärft.

Fünfter Akt, erste Szene

In der gleichen Nacht ist der Diener Daniel dabei, schweren Herzens Abschied von dem Schloss zu nehmen, in dem er so lange treu gedient hat. Er flieht vor dem Befehl, der ihn zum Mörder – oder aber zum Opfer der Grausamkeit von Franz – gemacht hätte.

Da begegnet ihm der Schlossherr im Schlafrock. Franz findet keine Ruhe mehr. Er ist sichtlich verstört. Es ist zwei Uhr in der

Nacht. Einem anderen Bedienten, der hinzukommt, befiehlt Franz, den Pastor Moser zu holen. Daniel vertraut er an, nicht mehr allein sein zu können, und erzählt ihm einen Traum, der ihn geängstigt hat. Entsetzt erkennt Daniel, dass es sich bei dem Traum um ein Abbild des Jüngsten Gerichts handelt, bei dem die Verstorbenen für ihre Taten zur Rechenschaft gezogen werden. In seinem Traum wird Franz als Einziger verdammt. Die Waagschale, in der seine Sünden aufgewogen werden, sinkt erst in dem Moment, als sein Vater auftritt und eine Locke seines Haars hineinwirft. Daniel erklärt, für Franz beten zu wollen. Franz beharrt auf seiner verstockten Ansicht, dass Gottesfurcht nur Aberglauben des Pöbels sei. Dennoch denkt er mit Entsetzen ans Sterben.

Pastor Moser tritt auf und bekundet sein Erstaunen darüber, dass Franz ihn sehen wolle. Das ist bis dahin nicht vorgekommen. Franz verlangt, der Pastor möge ihm nachweisen, dass es einen Gott gebe. Er werde ihn dann widerlegen. Doch der Geistliche lässt sich weder provozieren noch einschüchtern. Selbstbewusst weist er Franz darauf hin, dass dieser die Existenz Gottes nur aus Verzweiflung, aus Angst vor der göttlichen Vergeltung leugne. Im Angesicht des Todes werde ihm jedoch sein Hochmut vergehen. Erst wenn er auch dann noch bei seiner Auffassung verharre, habe er die Probe bestanden und gewonnen. Der weitere Verlauf der Auseinandersetzung zeigt, dass Franz dieser Probe nicht gewachsen ist. Danach gefragt, welches die größte Sünde sei, antwortet Pastor Moser, es gebe deren zwei: den Vatermord und den Brudermord. Franz bricht daraufhin völlig zusammen. Der Pastor verlässt mit einem geringschätzigen Kommentar das Zimmer.

Ein Bedienter meldet, dass Amalia und der fremde Graf verschwunden seien. Daniel kommt mit der Nachricht, dass das Schloss von einem Reitertrupp angegriffen werde. Franz ordnet kopflos an, die Glocken zu läuten; das Volk solle sich in der Kirche versammeln und für sein Seelenheil beten; die Gefangenen sollen freigelassen, die Armen beschenkt werden; der Beichtvater solle kommen und ihm die Sünden hinwegsegnen. Hinter der Szene hört man, wie sich Schweizer mit seinen Leuten Zugang zum Schloss verschafft. Volk läuft zusammen. Scheiben gehen zu Bruch, das Schloss brennt. Franz bittet Daniel darum, ihn mit seinem Degen von hinten zu erstechen. Daniel flieht. Franz bringt nicht den Mut auf, sich mit dem Degen zu töten. Als er Schweizer und dessen Leute kommen hört, erdrosselt er sich mit seiner Hutschnur. Die Räuber kommen zu spät. Schweizer erkennt, dass er seinen Auftrag nicht erfüllen kann, und erschießt sich.

Fünfter Akt, zweite Szene

Der Schauplatz wechselt zurück zu den Räubern im Wald. Ungeduldig wartet Moor darauf, dass sein Bruder gebracht wird. Der alte Moor, der seinen älteren Sohn noch immer nicht erkannt hat, bittet für seinen jüngeren Sohn um Gnade. Moor weist diese Bitte von sich. Daraufhin klagt der alte Moor, dass sein Unglück die Strafe für seine Schuld gegenüber seinem Sohn Karl sei. Karl schickt die anderen Räuber weg. Er kämpft mit sich, ob er sich seinem Vater zu erkennen geben soll. Nur die Einsicht, dass er der unschuldige Karl, dem sein Vater nachweint, ohnehin nicht mehr ist, hält ihn davon ab. Er lässt sich von dem alten Moor als dessen Retter segnen, um auf diese Weise den väterlichen Segen zu erhalten. Schweizers Gefährten treten auf und berichten, dass ihr Auftrag missglückt ist. Karl reagiert wie befreit auf die Nachricht, dass sein Bruder sich selbst getötet hat. Er glaubt, dass nun alles noch gut werden kann.

Da kommen weitere Räuber, die Amalia mit sich führen. Diese umarmt zuerst den alten Moor und dann Karl, der auf ihr Erscheinen mit Entsetzen reagiert hat. Die Einsicht, dass sein Glück zum Greifen nahe ist, steigert nur seine Verzweiflung. In die Enge getrieben ruft er dem Vater und der Geliebten zu, dass seine Gefährten Räuber seien und er ihr Hauptmann. Vor Entsetzen darüber stirbt der alte Moor.

Amalia steht starr, während Karl gegen sich selbst wütet. Dann stürzt Amalia ihm verzweifelt in die Arme. Sie kann nicht von ihm lassen. Er schleudert sie von sich, woraufhin sie sich erneut zu ihm bekennt. Darüber gerät Karl dann doch in Ekstase und glaubt sich durch Amalias bedingungslose Liebe erlöst. Sie stehen eng umschlungen.

Nun aber geraten die Räuber in Zorn. Sie erinnern Moor an seine Treueschwüre, machen ihm klar, dass er von ihnen nicht mehr loskomme, und fordern Amalia für die ganze Bande. Völlig ernüchtert erkennt Karl, dass alles aus ist. Er will gehen und fordert die anderen auf, ihm zu folgen.

Da reißt Amalia ihn zurück. Sie verlangt, dass er sie töte, bevor er sie nun erneut verlasse. Karl weigert sich. Daraufhin verhöhnt Amalia Karl und wendet sich an die Räuber, damit diese sich ihrer erbarmen. Auf diese Weise provoziert tötet Karl seine Geliebte, damit kein anderer sie antaste. Die Räuber reagieren entsetzt. Moor erklärt, dass man nun quitt sei: Sie haben ihm ihr Leben geopfert, er habe ihnen dafür einen Engel geschlachtet. Er sei nun nicht länger ihr Hauptmann und habe nichts mehr mit ihnen zu tun. Die Räuber werfen ihm vor, seine Mission zu verraten. Moor entgegnet, auf ganzer Linie gescheitert zu sein. Sein Versuch, mit Gewalt und Gräueltaten Gerechtigkeit herzustellen, sei eitle Anmaßung gewesen. Es bleibe ihm nur, Buße zu tun und sich selbst einer höheren Gerechtigkeit zum Opfer zu bringen. Er will sich daher in die Hände der Justiz geben. Die verständnislosen Räuber wollen dies zunächst verhindern, schließlich aber lassen sie ihn gehen. Sie betrachten seinen Entschluss nicht als Zeichen von Reue, sondern lediglich als neuerlichen Ausdruck seines Bedürfnisses, bewundert zu werden. Selbstbewusst räumt Moor ein, dass sein Opfer wohl als bewunderungswürdig betrachtet werden könne. Er will sich einem armen Taglöhner mit elf Kindern ausliefern, damit dieser die auf ihn ausgesetzte Belohnung kassieren kann. Dann geht er ab.

Textanalyse und Interpretation

1 Literatur aus Literatur

Titelblatt der ersten, anonym erschienenen Ausgabe der *Räuber* von 1781

Auf den ersten Blick wirkt Schillers dramatischer Erstling so literaturfern wie möglich. Es ist keine schöngeistige Welt, die vor dem Publikum entsteht, sondern eine Welt schnöder materieller Interessen und kurz entschlossen ausgeführter Verbrechen.

Ein Werk mit dem Titel *Die Räuber* legt die Erwartung nahe, dass der Autor bereits tiefe Einblicke in die soziale Wirklichkeit erlangt hat, die er nun in kritischer Absicht anschaulich macht. Die Hinweise auf Schillers Jugendjahre (vgl. *Interpretationshilfe,* S. 5 ff.) haben jedoch deutlich gemacht, dass diese Voraussetzungen auf ihn nicht zutrafen. Er hatte wenig Gelegenheit gehabt, die Welt kennen zu lernen. Und so zeugen *Die Räuber* kaum von direktem politischem Engagement. Das Stück enthält **wenig konkrete Sozialkritik.** Dass Karl von Moor die unteren Schichten, das Fußvolk der Gesellschaftspyramide, besonders am Herzen liegen, wird nirgends deutlich. Er sucht nicht ihren Kontakt, scheint sie kaum zu kennen. Man erfährt, dass er die Reichen plündert und seine Beute den Armen gibt. Aber man sieht es nicht. All das bleibt so abstrakt wie seine Verachtung für die Zeit, in die er hineingeboren ist.

Die Räuber sind keine Kampfschrift eines Sozialrevolutionärs, sondern in erster Linie der **dichterische Ausdruck von Schillers persönlichem Wunsch, aus einem vorbestimmten und eingeengten Leben auszubrechen.** Der Herzog hatte ihn auf seine Schule geholt und ihn zu einem brauchbaren Werkzeug seines Staatsapparats ausbilden lassen. Sein weiteres Leben sollte sich innerhalb der reglementierten Bahnen dieses Staatsdienstes abspielen. So war es vorgesehen. Schillers persönliche Entfaltung als Mensch und als Autor hatte demgegenüber zurückzustehen. *Die Räuber* zeigen – sowohl durch die bloße Tatsache ihrer Entstehung, Veröffentlichung und Aufführung wie auch inhaltlich, durch ihre oppositionelle Grundtendenz –, dass Schiller nicht bereit war, sich dieser Forderung zu fügen.

Schiller hatte wenig erlebt, aber er hatte viel gelesen. Das konnte für sein Drama nicht ohne Folgen bleiben. Und tatsächlich sind viele Handlungselemente des Stücks aus der zeitgenössischen deutschen Literatur und darüber hinaus aus der Weltliteratur entlehnt.

Die unmittelbare stoffliche Anregung für die *Räuber* hat Schiller wohl durch die knappe Anekdote *Zur Geschichte des menschlichen Herzens* von **Christian Friedrich Daniel Schubart** erhalten, die 1775 im *Schwäbischen Magazin* veröffentlicht wurde (vgl. ED, S. 107–113). Schubart, der während Schillers Kindheit in Ludwigsburg ebendort als Organist und Kantor lebte, galt als sittenloser Freigeist und zudem als respektloser Kritiker der fast uneingeschränkten fürstlichen Macht. 1773 wurde er aus Württemberg ausgewiesen. Daraufhin agitierte er zunächst von Augsburg, später von Ulm aus mit einer eigenen Zeitschrift, der *Deutschen Chronik,* gegen den Absolutismus in den deutschen Kleinstaaten. Rasch wurde er zu einem der am meisten bewunderten und berüchtigten Pamphletisten (Verfasser – in der Regel politischer – Schmähschriften) in Deutschland. Anfang 1777 gelang es dem Herzog Carl Eugen jedoch, Schubart auf württembergisches Gebiet zu locken. Er ließ ihn verhaften und ohne Verfahren auf dem Hohen Asperg einsperren, einem auf einem kleinen Berg gelegenen Staatsgefängnis in der Nähe von Ludwigsburg. Dort verbrachte Schubart neun Jahre als persönlicher Gefangener des Herzogs. Den Oberbefehl über seine Bewacher hatte ein Hauptmann Philipp Friedrich Rieger, der Schillers Taufpate war. Diese Verbindung ermöglichte es Schiller, Schubart im Jahre 1781 im Gefängnis zu besuchen. Schubart wurde von den Karlsschülern sehr verehrt und natürlich identifizierte sich insbesondere Schiller, der die Akademie als eine Art von Gefängnis empfand, mit dessen Schicksal.

Schubarts „Anekdote“ handelt von den zwei Söhnen eines „Edelmann[es]“, die „von sehr ungleichem Charakter“ sind. Wilhelm ist fromm und menschenfeindlich und ein aus Berechnung folgsamer Sohn, während Carl keine Verstellung kennt, temperamentvoll und leichtsinnig ist, sich jedoch durch seinen klugen Kopf und sein warmes Herz Sympathien erwirbt. Beide besuchen die Universität, wo Wilhelm seine strengen Sitten bewahrt, Carl jedoch sich zu mancher unüberlegten Ausschweifung hinreißen lässt. Wilhelm meldet diese Verfehlungen nach Hause und versucht, den Bruder bei den Eltern in Misskredit zu bringen. Zuletzt muss Carl infolge eines Duells „bei Nacht und Nebel die Akademie [...] verlassen“. Dieses Duell ist es auch, „das ihm die Gunst seines Vaters entzog“. Wilhelm hat sein Ziel erreicht.

Carl geht unter die Soldaten, wo er sich bewährt, bis er in einer Schlacht so schwer verwundet wird, dass er im Lazarett Zeit findet, über sein bisheriges Leben nachzudenken. Er beschließt, sich zu ändern. In diesem Sinne schreibt er reuevoll an seinen Vater. „Umsonst! Der tückische Wilhelm unterschob seinen Brief, und Carl erhielt keine Antwort.“ Bald darauf ist der Krieg zu Ende, Carl wird als Soldat entlassen. Er kehrt in die Heimat zurück und verdingt sich als Knecht bei einem Bauern. Eines Tages arbeitet er im Wald, als er Zeuge eines Überfalls wird. Es ist sein Vater, der von vier gekauften Mördern aus seiner Kutsche gerissen wird. Carl tötet drei der Angreifer und nimmt den vierten gefangen. Dieser gesteht, dass der Sohn des Edelmanns der Auftraggeber des missglückten Mordanschlags sei, der auf diese Weise an das Vermögen des Vaters kommen wollte. Der Edelmann ist bis ins Mark getroffen und klagt, er habe nun keinen Sohn mehr, da zuvor bereits „jener Jüngling mit Rosenwangen und fühlendem Herzen [...] mein Sohn Carl, ein Opfer seiner Leidenschaften" geworden sei. Daraufhin gibt sich Carl zu erkennen. Zitternd schließt ihn der Vater in die Arme. Er setzt Carl als seinen Erben ein und zeigt sich entschlossen, Wilhelm, „diese Brut der Hölle", der Justiz zu übergeben. Erst auf Carls Bitten hin lässt er sich erweichen, Wilhelm lediglich aus seiner Nähe zu verbannen und sogar weiterhin für seinen Unterhalt zu sorgen. Wilhelm setzt daraufhin, „ohne viel Reue zu äußern", in einer „angesehenen Stadt" sein Leben fort.

Der recht anspruchslos erzählten kleinen Erzählung hatte Schubart die Bemerkung vorangestellt: „Hier ist ein Geschichtchen, das sich mitten unter uns zugetragen hat, und ich gebe es einem Genie preis, eine Komödie oder einen Roman daraus zu machen". Die stofflichen Parallelen zwischen Schubarts „Anekdote" und Schillers Drama sind so deutlich greifbar, dass sie hier nicht noch einmal im Einzelnen herausgearbeitet werden müssen. Aber auch andere Texte haben unverkennbare Spuren in den *Räubern* hinterlassen.

An erster Stelle ist hier die **Bibel** zu nennen: Die biblische Erzählung vom verlorenen Sohn (Lukas 15,11–32) ist schon für Schubarts „Anekdote" strukturbildend, und bildet auch in Schillers Drama das übergeordnete Modell der Handlung. Daneben sind die biblischen Geschichten von Kain und Abel (Genesis 4, 1–16), von Jakob und Esau (Genesis 25,19–34 und Genesis 27) und von Jakob und Joseph (Genesis 37,31–35) von Bedeutung. Die erste erzählt vom Brudermord als Auslöser des Unheils, das durch die Menschen in die Welt kommt. Die zweite handelt ebenfalls von der Rivalität zwischen Brüdern, vom Versuch, sich gegen das Recht des Älteren den Segen des Vaters zu erschleichen. Hierauf wird in den *Räubern* zweimal Bezug genommen: zum einen in der Intrige von Franz gegen den älteren Bruder Karl und zum anderen in der Schlussszene, in der es Karl danach verlangt, sich von seinem Vater, dem er sich noch nicht zu erkennen gegeben hat, segnen zu lassen (S. 141). Einmal erscheint also Franz in der Rolle des Jakob, ein anderes Mal Karl – und ein drittes Mal der alte Graf von Moor, der sich mit dem alten Jakob identifiziert, dem Vater der zwölf Söhne, dem der zweitjüngste, das erste Kind seiner wahrhaft geliebten zweiten Frau Rahel, weit mehr am Herzen liegt als alle anderen. In II, 2 lässt sich der alte Graf von Amalia die Episode von Josephs buntem Rock vorlesen (S. 57). Diesen Rock haben die älteren Brüder Josephs, nachdem sie das Vatersöhnchen zuerst in den Brunnen gesteckt und schließlich an ägyptische Kaufleute verkauft haben, mit Lammblut getränkt. Nun weisen sie ihn dem entsetzten Vater als Beweis für den Tod seines Lieblingskindes vor – so wie Franz in Schillers Schauspiel kurz zuvor das angebliche Schwert des angeblich gefallenen Karl von dem verkleideten Hermann hat vorzeigen lassen (S. 53 f.).

Neben diesen Anklängen an zusammenhängende biblische Geschichten gibt es in den *Räubern* eine Vielzahl mehr oder weniger direkter Zitate von Bibelstellen.

Die beiden großen **Epen Homers,** zwei weitere Grundtexte der abendländischen Kultur, haben ebenfalls ihren Niederschlag in Schillers Stück gefunden. Auf die *Ilias* spielt das von Amalia gesungene Lied vom Abschied zwischen Andromache und Hektor an (S. 50 f., vgl. auch *Interpretationshilfe*, S. 62 f.). Die *Odyssee* ist in der Szene IV, 3 gegenwärtig, in der der treue Diener Daniel den inkognito heimgekehrten Karl an der Narbe an seiner Hand erkennt (S. 104 ff.). In ähnlicher Weise wird Odysseus nach den zwanzig Jahren seiner Abwesenheit von der alten Amme Eurykleia erkannt, die ihm die Füße wäscht und dabei eine Narbe bemerkt, die er sich einst bei der Jagd zugezogen hat (Buch 19).

Solche Parallelen bedeuten nicht, dass Schiller die Fantasie fehlte, sich eine eigenständige Handlung auszudenken. Sie zeugen vielmehr von der unter Autoren verbreiteten Lust, dichterisch gewissermaßen in Bahnen zu wandeln. Schriftsteller bedienen sich solcher archetypischer Erzählmuster, um zum einen die eigene Erzählung an der Größe der überlieferten Erzählungen teilhaben zu lassen und zum anderen zu zeigen, dass sich die Schicksale eines Menschenlebens letztlich auf eine Reihe von Grundkonstellationen zurückführen lassen, die meist schon vor langer Zeit in gültiger Weise gestaltet worden sind und sich im Verlauf der menschlichen Geschichte lediglich in anderer Ausprägung immer wieder und nur scheinbar neu ereignen.

Shakespeares Dramen beziehen einen großen Teil ihrer überwältigenden Wirkung aus eben diesem Eindruck, dass in ihnen solche exemplarischen menschlichen Konstellationen unübertreffbar dargestellt sind. Nicht umsonst ist etwa Othello zum Inbegriff der Eifersucht geworden, Lady Macbeth zum Inbegriff der verbrecherischen Machtgier, Hamlet zum Inbegriff der Überforderung des Einzelnen durch den Anspruch, eine aus den Fugen geratene Welt wieder ins Lot zu bringen.

In den *Räubern* wird mehrmals auf Dramen von Shakespeare angespielt. Die zynischen Überlegungen von Franz in dessen erstem Monolog erscheinen gleich von mehreren Monologen in verschiedenen Stücken Shakespeares angeregt, am deutlichsten aber wohl vom Monolog des Bastards (unehelichen Sohns) Edmund in *King Lear* (I, 2). Das verstörte nächtliche Umherirren von Franz im Schloss zu Beginn des letzten Aktes erinnert deutlich an die Schlaflosigkeit der Lady Macbeth, die, ebenfalls in der ersten Szene des Schlussaktes, vom Gewissen geplagt wird (*Macbeth,* V, 1). Zudem klingen manche Gedanken von Franz in

IV, 2 (vgl. S. 99 oben) fast wörtlich an Formulierungen aus *Macbeth* an, ein Stück, das Schiller später selbst für die deutsche Theaterbühne bearbeitet hat. Karls Lied in IV, 5 ist sowohl durch Plutarchs *Parallelbiographien*, der bevorzugten Lektüre Karls, wie durch Shakespeares *Julius Caesar* angeregt. Dort erscheint in IV, 3 Cäsars Geist. Für Karls folgenden langen Monolog diente in entscheidenden Zügen der berühmteste Monolog Hamlets – „Sein oder Nichtsein, das ist hier die Frage: [...]" – als Vorbild (*Hamlet*, III, 1). Darüber hinaus erinnert die sich direkt anschließende Befreiung des alten Grafen durch Karl Moor an Hamlets Begegnung mit dem Geist seines Vaters (*Hamlet*, I, 1). Einzelne Formulierungen gehen offensichtlich auf Zeilen aus weiteren berühmten Dramen Shakespeares wie *Othello* oder *Richard III* zurück.

In seiner Vorrede zum Stück hat Schiller selbst auf eine Reihe von literarischen Vorbildern für seine beiden Hauptfiguren aufmerksam gemacht. „Klopstocks Adramelech" – der nach dem Satan mächtigste und böseste Teufel in **Klopstocks** seinerzeit sehr erfolgreichem religiösen Epos *Der Messias* (1748–1773) –, „Miltons Satan" – die Hauptfigur in dem Epos *The Lost Paradise* (1667) des englischen Dichters **John Milton** (1608–1674) – sowie „Shakespeares Richard" führt Schiller als Gestalten auf, die man, würde man ihnen im wirklichen Leben begegnen, verabscheuen und hassen müsste, die als literarische Figuren jedoch faszinierend und in ihrer konsequenten Negativität bewunderungswürdig seien (vgl. S. 5). Hier entwirft Schiller also eine Ahnenreihe für Franz von Moor. Dessen Bruder Karl sieht er hingegen in der Tradition des Don Quixote, der mit seinem Enthusiasmus und Idealismus an seiner Unfähigkeit scheitert, die Welt so nüchtern und realistisch zu betrachten, wie es notwendig ist, um sich in ihr zurechtzufinden (S. 4). In seiner Selbstrezension vermerkt Schiller andererseits, Karl von Moor sei sowohl den „erhabene[n] Verbrechern" in den *Parallelbiographien* des griechischen Geschichtsschreibers **Plutarch** (ca. 50–125 n. Chr.)

nachgebildet als auch dem edelmütigen Räuber Roque aus dem berühmtesten spanischen Roman, dem *Don Quixote* (1605/15) von **Miguel de Cervantes** (1547–1616). Gewissermaßen die Urgestalt des edlen Räubers ist jedoch **Robin Hood,** dessen Geschichte in der englischen volkstümlichen Dichtung seit dem Mittelalter verbreitet war und später noch vielfach neu ausgemalt worden ist. Den Hinweis auf Robin Hood legt Schiller seinem modernen Robin Hood Karl von Moor selbst in den Mund, als dieser den Neuankömmling Kosinsky warnt, sich leichtfertig, vielleicht verführt durch romantische Vorstellungen vom Räuberleben, der Bande anzuschließen (S. 91). Daraufhin erzählt Kosinsky die Geschichte seiner zur Untreue gezwungenen Braut, die auch keine Erfindung Schillers ist, sondern wohl auf eine Erzählung in der berühmten englischen moralischen Wochenschrift *Spectator* zurückgeht, die dort 1712 erschienen war. Der deutsche Dichter und Literaturtheoretiker Gellert hatte sie 1746 übersetzt und bearbeitet. Kurz vor dem Gespräch mit Kosinsky bezeichnet sich Karl Moor zudem als „heulende[n] Abbadona“ (S. 87) und damit als den gefallenen Engel in Klopstocks *Messias,* der sich danach sehnt, wieder Teil der göttlichen Ordnung werden zu dürfen.

Der Kreis der literarischen Anleihen, die Schiller für sein Stück genommen hat, wird von der seinerzeit neuesten deutschen Literatur geschlossen, den wenige Jahre zuvor erschienenen **Dramen der Stürmer und Dränger.** Karl von Moors Pseudonym „Graf von Brand“ scheint auf die Figur des Verführers „v. Brand“ in Friedrich Maximilian Klingers (1752–1831) Trauerspiel *Das leidende Weib* (1775) zurückzugehen. Wichtiger für Schillers dramatischen Erstling waren die ebenfalls 1775 entstandenen Stücke *Die Zwillinge* von Klinger und *Julius von Tarent* von Johann Anton Leisewitz (1752–1806). Beide Dramen handeln von einem Streit zwischen Brüdern, der im Brudermord gipfelt und jeweils vom Vater unerbittlich mit der Tötung des

Mörders bestraft wird. Die Stimmungen des zwischen Größenfantasien und plötzlicher Schwermut schwankenden Guelfo bei Klinger weisen auf die Charaktere der Brüder Moor voraus, insbesondere auf den Karls (vgl. *Interpretationshilfe,* S. 75 ff.). Im Detail erscheinen einzelne Szenen der *Räuber* von diesen beiden Vorgängerstücken erkennbar beeinflusst.

Diese Hinweise genügen, um deutlich zu machen, dass die *Räuber* nicht so sehr aus dem Leben genommen sind, sondern zu weiten Teilen Literatur aus Literatur. Im nächsten Abschnitt geht es nun um die Frage, ob Schillers dramatischer Erstling ein typisches Theaterstück ist – inwieweit er also den überlieferten Merkmalen eines bühnentauglichen Schauspiels entspricht.

„Die Räuber" – Literatur aus Literatur

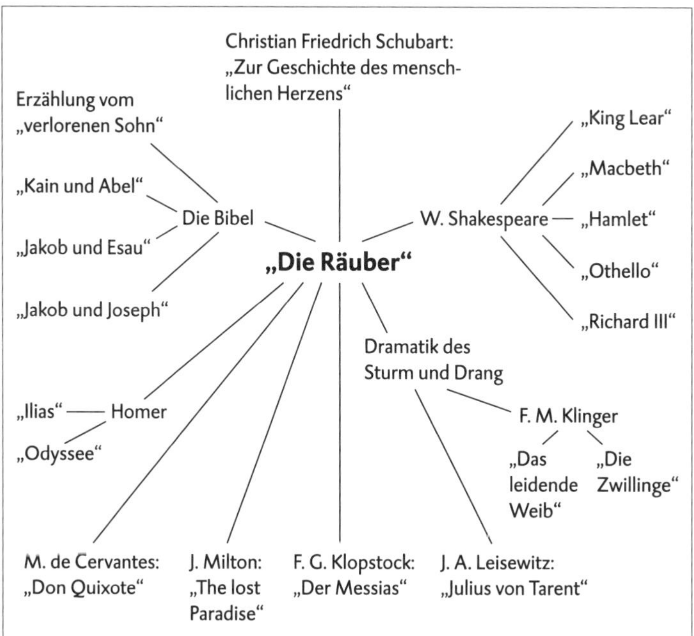

2 Ein „dramatischer Roman"?

Als Schiller sich daran machte, die *Räuber* zu schreiben, hatte er **wenig praktische Kenntnisse vom Theater.** Zwar hatte er als Kind in Ludwigsburg Theateraufführungen des Schlosstheaters besucht und mit der älteren Schwester und Freunden zu Hause nachgespielt. Doch das Repertoire der Hofbühne bestand aus Opern, Balletten und allenfalls französischen Theaterstücken. Während der Jahre auf der Karlsschule bekam Schiller in Stuttgart auch Aufführungen von zeitgenössischen und vor allem auch von deutschsprachigen Stücken zu sehen. Zudem wurde auf der Akademie selbst zu festlichen Gelegenheiten Theater gespielt. Dabei handelte es sich jedoch um von den Schülern selbst verfasste allegorische Spiele, in denen Tugenden verherrlicht werden sollten, und zwar in den traditionellen Formen der mythologischen Szene, der Idylle oder des Schäferspiels. Eine Ausnahme blieb die Aufführung von Goethes *Clavigo* (1774), die der Herzog 1780 auf Schillers Initiative hin gestattete. Schiller übernahm auch die Hauptrolle, machte aber offenbar seine Sache schlecht. Der Schulfreund Petersen erinnerte sich später: „Was rührend und feierlich sein sollte, war kreischend oder strotzend und pochend; Innigkeit und Leidenschaft drückte er durch Brüllen, Schnauben und Stampfen aus, kurz, sein ganzes Spiel war die unvollkommenste Ungebärdigkeit, bald zurückstoßend, bald lachenerregend." (PA, S. 112) Auch Scharffenstein bestätigt, dass Schiller weder seine kreischende, eher unangenehme Stimme noch seine Mimik beherrschen konnte und deshalb nie auch nur „ein erträglicher Schauspieler" geworden wäre (PA, S. 112).

Schillers wichtigste Voraussetzung für das Schreiben eines eigenen Dramas war wohl seine **gründliche Kenntnis der Werke Shakespeares sowie der zeitgenössischen Dramenproduktion,** vor allem der Stücke aus dem Umkreis des Sturm und Drang (vgl. *Interpretationshilfe,* S. 44 ff.). Da der Sturm und

Drang jedoch alle bis dahin verbindlichen Regeln für das Verfassen von Dramen – als vorbildlich galten bis dahin die antiken Tragödien und in neuerer Zeit die Schauspiele der Franzosen – verworfen hatte und allein die Forderung gelten ließ, dass das neue Drama ein organisches Ganzes sein müsse, musste Schiller seiner dichterischen Einbildungskraft beim Schreiben der *Räuber* keinerlei Schranken auferlegen.

Das machte sich natürlich im Ergebnis bemerkbar. Das Angebot des Mannheimer Theaters, das Stück aufzuführen, erhielt Schiller entsprechend nur unter der Bedingung tief greifender Veränderungen der ursprünglichen Fassung. Aber auch schon zuvor ist Schiller sich darüber bewusst gewesen, dass **sein Stück nur eingeschränkt bühnentauglich** war. Besonders deutlich zeigt das die ursprüngliche Vorrede zur Erstveröffentlichung des Stücks im Selbstverlag, die Schiller noch während der Drucklegung zurückzog und durch eine neue Vorrede ersetzte. In der ursprünglichen Vorrede heißt es gleich zu Beginn: „Es mag beym ersten *in die Hand nehmen* auffallen, daß dieses Schauspiel niemals das Bürgerrecht auf dem Schauplaz bekommen wird." (ED, S. 145) Wenn der Umstand, dass sein Stück nicht recht aufzuführen sei, gegen das Stück spreche, so habe es eben einen Fehler mehr. Schiller gibt jedoch zu bedenken, dass ein Drama nicht unbedingt danach zu beurteilen sei, ob es sich für die Bühne eigne. Die dramatische Behandlung eines Stoffes – also die allein auf die Wechselreden der Figuren gestützte und ohne Erzählerbericht auskommende Darstellung –, die „uns ihre Welt gleichsam gegenwärtig stellt, und uns die Leidenschafften und geheimsten Bewegungen des Herzens in *eigenen Aeusserungen* der Personen schildert", sei doch auch an und für sich wirkungsvoll; jedenfalls wirkungsvoller als „die beschreibende Dichtkunst". Infolgedessen sieht Schiller nicht recht ein, warum die „dramatische Methode" nur den für die Bühne geschriebenen Werken der Literatur vorbehalten sein solle (ED, S. 145).

„Ich kann demnach“, schlussfolgert Schiller, „eine Geschichte Dramatisch abhandeln, ohne darum ein Drama schreiben zu wollen. Das heißt: Ich schreibe einen *dramatischen Roman,* und kein theatralisches Drama. Im ersten Fall darf ich mich nur den allgemeinen Gesezen der Kunst, nicht aber den besondern des Theatralischen Geschmacks unterwerffen.“ (ED, S. 146)

Zwar sieht Schiller nicht so sehr in der „körperliche[n] Ausdehnung meines Schauspiels“, also in der Reichweite und Vielfalt der Schauplätze, das Hauptproblem seiner Realisierung auf der Bühne. Vielmehr meint er, dass manche Figur, die der Anlage des Stücks nach durchaus notwendig und damit künstlerisch gerechtfertigt sei, „das feinere Gefühl der Tugend“ vieler Zuschauer zu stark verletzen würde. Schiller sieht also weniger praktische Schwierigkeiten als sittliche Bedenken voraus und unterscheidet zudem zwischen der öffentlichen Vorführung und der privaten Lektüre. Was hier durchgehen kann, wird dort Protest auslösen.

Schillers Einschätzung, dass sein Schauspiel **eher ein dramatischer Roman als ein Bühnenwerk** sei, trifft aber auch in einem ganz handwerklichen Sinne zu. Das lässt sich anhand der Aspekte *Ort und Zeit, Umfang der Szenen, Erzählungen, Selbstaussprachen* und *Lieder* zeigen.

Ort und Zeit sowie Umfang der Szenen

Traditionellerweise galt die Beschränkung auf einen Schauplatz als wichtige Voraussetzung für die Wirkung eines Bühnenstücks. Dem Zuschauer sollte nicht zugemutet werden, sich unter demselben Bühnenraum einmal diesen, dann jenen und anschließend wieder einen anderen Schauplatz vorstellen zu müssen. Die Kunst des Dramatikers bestand wesentlich darin, die Handlung so anzulegen, dass sie sich auf scheinbar ganz natürliche Weise immer wieder auf dem gleichen Schauplatz konzentrierte und weiterentwickelte. Noch heute folgen die meisten Stücke und Inszenierungen des so genannten Volkstheaters diesem Prinzip.

Das Beispiel des zeitgenössischen Volkstheaters zeigt, dass die Beibehaltung eines immer gleichen Schauplatzes die vermeintlichen Bedürfnisse eines naiveren Publikums bedient. Umgekehrt setzt der **Verzicht auf die Einheit des Ortes** ein weniger naives Publikum voraus. Dieses ist nicht auf die durch die Guckkastenbühne vermittelte Illusion angewiesen, unbemerkt bei anderen Leuten zu Gast zu sein. Es ist sich vielmehr des grundsätzlichen Spielcharakters der Bühnenhandlung bewusst – der durch zahlreiche Schauplätze, die vielleicht nur durch ein paar Requisiten angedeutet werden, noch betont wird –, ohne dadurch sein Vergnügen an der dramatischen Handlung einzubüßen. Eher steigern solche Schauplatzwechsel sein Vergnügen noch, weil die mitschöpferische Fantasie des Zuschauers hier mehr gefordert ist, als das bei einem einheitlichen Schauplatz der Fall ist.

Auf solche Weise nähert sich das Stück, in dem der Schauplatz öfter wechselt, dem Roman, dessen Handlung gewöhnlich ebenfalls an vielen verschiedenen Orten spielt.

Vorbildhaft wurde in dieser Hinsicht Shakespeare, der als erster großer Dramatiker auf die Einheit des Ortes und der Zeit verzichtete. Schiller, wie die Stürmer und Dränger ein großer Bewunderer Shakespeares, folgte in den *Räubern* diesem Beispiel.

Die 15 Szenen seines Stücks, die sich auf die traditionellen fünf Akte der Tragödie verteilen, haben fast alle verschiedene Schauplätze. Die den Räubern zugeordneten Schauplätze befinden sich verständlicherweise in abgelegenen Gegenden, da sich die Räuber ständig vor dem Zugriff der Obrigkeit verbergen müssen.

Die Bande konstituiert sich in der zweiten Szene des ersten Aktes. Schauplatz ist eine „Schenke an den Grenzen von Sachsen" (S. 21); allem Anschein nach eine abseits gelegene Wirtschaft, die zudem durch ihre Nähe zur Grenze die Möglichkeit bietet, schnell von einem Territorium in ein anderes hinüberzuwechseln, um polizeilicher Verfolgung zu entgehen. Die zweite Räuberszene spielt in den „böhmischen Wälder[n]“ (II, 3, S. 59), die dritte in einer ebenfalls nicht näher bezeichneten „Gegend an der Donau“, wo die Räuber „auf einer Anhöhe unter Bäumen“ lagern (III, 2, S. 85). Im vierten Akt befinden sich die Räuber in der Nähe des Moorschen Schlosses, wo sie in einem Wald um ein „altes verfallenes Schloss“ herum – zufällig die Ruine, in welcher der alte Moor lebendig begraben ist – auf der Erde ihr Lager aufgeschlagen haben (IV, 5, S. 112). Im fünften Akt, in der Schlussszene des Stücks, kehrt dieser Schauplatz wieder (V, 2, S. 139). Damit enthält jeder Akt genau eine Szene der Räuberhandlung – angesichts des ungleichmäßigen Gesamteindrucks, den das Stück zunächst vermittelt, eine recht überraschende Regelmäßigkeit.

Die restlichen zehn Szenen sind dem Schloss, dem Familiensitz der Moors, zugeordnet. Dadurch ergibt sich ein scheinbares Übergewicht der **Familienhandlung** über die **Räuberhandlung:** hier nur fünf Szenen, dort zehn. Die weit überdurchschnittlichen Längen der Räuberszenen bringen dieses Verhältnis jedoch wieder in ein erstaunlich ausgewogenes Gleichgewicht: Die Räuberhandlung beansprucht insgesamt nur knapp mehr Seiten als die Familienhandlung. Zu berücksichtigen ist dabei, dass sich die Sphären am Ende vermischen und insbesondere die beiden letzten Räuberszenen mehr und mehr von Elementen der Familienhandlung durchdrungen sind: der Befreiung des alten Moor in IV, 5 und seines Todes in V, 2 sowie der Gefangennahme Amalias, ihrer Auseinandersetzung mit Karl und ihrer Ermordung durch diesen in V, 2. Eine Zwischen- und Sonderstellung hat darüber hinaus die erste Szene des vierten Aktes, die mit eineinhalb Seiten Umfang die kürzeste des Stücks ist. Sie markiert Karls Übergang von der Räuberhandlung in die Familienhandlung: Karl ist in dieser Szene allein, nur Kosinsky – der in der Szene zuvor unwissentlich dafür gesorgt hat, dass Karl sich wieder in sein altes Leben zurücksehnt – hat ihn begleitet. Auch er wird nun am Anfang der Szene fortgeschickt, um Karl im Schloss als fremden Grafen zu melden. Der Monolog Karls, der die eigentliche Szene ausmacht, handelt dann von der Sehnsucht nach der verlorenen Heimat, Kindheit und Unschuld, von dem Wunsch, zur Geliebten und zum Vater zurückzukehren, und von der düsteren Vorahnung, dass dies in einer Katastrophe enden wird.

Die zehn Szenen, die im und beim Schloss des Grafen von Moor spielen, haben ihrerseits ganz unterschiedliche Schauplätze: I,1 spielt in einem *„Saal im Moorischen Schloss"* (S. 11), I,3 in *„Amaliens Zimmer"* (S. 37), II,1 im Zimmer von Franz (S. 43), II,2 in *„des alten Moors Schlafzimmer"* (S. 48), III,1 im Schlossgarten (S. 81), IV,1 in der Nähe des Schlosses (S. 95), IV,2 in der *„Galerie im Schloss"* (S. 96), IV,3 in einem *„andre[n] Zimmer im Schloss"* (S. 104), IV,4 wiederum im Garten (S. 109) und in V,1 bietet sich die *„Aussicht von vielen Zimmern"* (S. 127).

Dieser ständige Wechsel der Schauplätze auch innerhalb der örtlich recht homogenen Familienhandlung ist natürlich kein Selbstzweck, sondern dient der Profilierung des jeweiligen Handlungsmoments. So findet die erste Szene des Stücks, in der Franz beim Vater gegen seinen abwesenden Bruder intrigiert, in einem *„Saal im Moorischen Schloss"* statt. Der Graf ist hier noch Herr in seinem eigenen Haus. In der zweiten Szene des zweiten Aktes ist der alte Moor hingegen schon ein gebrochener Mann, der kaum mehr sein Schlafzimmer zu verlassen scheint. Anders lässt sich kaum erklären, dass nicht nur die Mitglieder der Familie dort ein- und ausgehen, sondern sogar der vermeintliche Fremde – eigentlich natürlich der verkleidete Hermann –, der die Schreckensnachricht von Karls Tod bringt, ins Schlafzimmer des Grafen geführt wird. Auch dort ist der alte Moor nicht mehr vor den Anschlägen seines furchtbaren Sohnes sicher. Dieser ruht nicht, bis er den Vater ganz aus dem Schloss vertrieben und in der Ruine im Wald lebendig begraben hat.

Franz missachtet aber nicht nur die Privatsphäre seines Vaters, sondern ebenso die Amalias. Auch in ihr Zimmer dringt er ein, um sie mit seinen Anträgen zu belästigen (I, 3). Ein anderes Mal sucht er sie im Garten auf (III, 1). Diese Szene findet ihre Entsprechung in Szene IV, 4, in der statt Franz sein Bruder Karl und damit der von Amalia wirklich geliebte Mann auftritt. Beide Male ist Amalia zunächst allein im Garten, beide Male beschäftigt sie sich in Gedanken mit Karl. Die Parallelität der Szenen wird noch dadurch erhöht, dass Karl zunächst als fremder Graf vor sie tritt: Auch dieser fremde Graf, zu dem sie sich hingezogen fühlt, soll ihre Treue zu Karl nicht erschüttern. Erst am Ende der Szene wird Amalia deutlich, dass der fremde Graf in Wirklichkeit Karl ist. Ihre standhafte Treue wird durch das Erscheinen des lang vermissten Geliebten belohnt, der jedoch, wie sie erkennen muss, nicht als der Gleiche zurückgekehrt ist, als der er von ihr gegangen ist.

Durch die Wahl der Ahnengalerie als Schauplatz des ersten Gespräches unter vier Augen zwischen Amalia und dem fremden Grafen (IV, 2) wird unterstrichen, dass dieser der rechtmäßige Nachfolger des alten Grafen ist. Die Szenenanweisung *„Aussicht von vielen Zimmern“* für die nächtliche Szene V, 1 könnte hingegen als Veranschaulichung dafür gedacht sein, dass Franz, getrieben von seinen entsetzlichen Verbrechen, keine Ruhe mehr findet und rastlos durch das Schloss eilt, das längst für niemanden mehr eine Heimat ist: Auch Daniel, der alte treue Diener, schickt sich an, den Ort für immer zu verlassen.

Wie die Einheit des Ortes, so ist in den *Räubern* auch die **Einheit der Zeit aufgegeben.** Die erzählte Zeit des Stücks umfasst 14 bis 15 Monate (Schiller selbst gibt die Dauer der Handlung etwas ungenau mit „ohngefähr zwei Jahre[n]“ an, vgl. S. 10): In II, 1 sagt Franz zu Hermann, sein Bruder Karl sei „seit eilf Monaten so gut als verbannt“ (S. 47). Diese Information bezieht sich zurück auf den Brief, den Franz im Anschluss an die Szene I, 1 im Namen seines Vaters an Karl geschrieben und den dieser in I, 2 erhalten hat. Zwischen den beiden expositorischen Szenen I, 1 und I, 2 liegt vermutlich kaum mehr Zeit, als der Postweg zwischen Franken und Sachsen in Anspruch nimmt.

Im zweiten Akt überredet Franz von Moor Hermann in der angesprochenen Szene, sich an seiner zweiten Intrige zu beteiligen. Diese wird in Szene II, 2 in die Tat umgesetzt. Zwischen erster und zweiter Szene des zweiten Aktes scheinen höchstens ein paar Tage zu vergehen. Dafür spricht schon die Ungeduld, mit der Franz dem Tod des Vaters entgegensieht. Die Familienhandlung des zweiten Aktes endet damit, dass der Graf unter der Wirkung der zweiten Intrige zusammenbricht und für tot gehalten wird.

Als Karl von Moor seinen Vater in IV, 5 aus dessen Gefängnis befreit, berichtet dieser, dass seine Leiden schon „drei Monde“ andauern (S. 122). Noch in derselben Nacht dringen die Räuber ins Schloss ein (V, 1). Auch die Schlussszene des Stücks schließt unmittelbar an die beiden vorhergehenden Szenen an.

Die Handlung beschleunigt sich also im Verlauf des Stücks. Zwischen dem ersten und zweiten Akt vergehen gut elf Monate. Zwischen dem zweiten und dritten Akt liegen fast drei Monate, denn der dritte Akt ist nah an den vierten Akt herangerückt; er endet mit dem Befehl Karls an seine Leute: „Auf! Hurtig! Alle! nach Franken! in acht Tagen müssen wir dort sein.“ (S. 94) Im vierten Akt drängen sich dann die Ereignisse. Zwischen dem vierten und dem fünften Akt gibt es gar keine zeitliche Zäsur mehr.

Auffällig an den *Räubern* ist der **große Umfang einzelner Szenen.** Die epische Breite, mit der manche Situationen ausgeführt sind, steht im Gegensatz zur üblichen Gedrängtheit des Dramas – das der Zuschauer, der einer Aufführung beiwohnt, eben nicht wie der Leser eines Buches zwischendurch aus der Hand legen kann, um später mit neuem Interesse die Lektüre fortzusetzen – und erinnert wiederum mehr an einen Roman. Dass die *Räuber* Szenen von 13 (V, 1), 14 (IV, 5), 16 (I, 2) oder gar 22 Seiten (II, 3) enthalten, hängt mit den teilweise umfangreichen Erzählungen zusammen, die die Handlung immer wieder zum Stillstand bringen, darüber hinaus aber auch mit dem rein äußerlichen Grund, dass Anfang und Ende der Szenen nicht dadurch markiert werden, dass Figuren auf die Bühne hinzukommen, sondern dadurch, dass der Schauplatz wechselt. Die gewohnte Einteilung eines Aktes in Auftritte bietet natürlich häufigere Gelegenheit zur Untergliederung eines Aktes. Nichtsdestotrotz gibt es in den *Räubern* auch „Auftritte" von ungewöhnlicher Länge wie das Gespräch von Franz mit seinem Vater in I, 1 (knapp acht Seiten), die Unterhaltung von Karl von Moor und Spiegelberg in I, 2 (sechseinhalb Seiten) oder das recht einseitige Gespräch zwischen Spiegelberg und Razmann in II, 3 (sieben Seiten). Der Umstand, dass in diesen Situationen jeweils nur zwei Personen sich unterhalten, verstärkt den Eindruck einer gewissen Ereignislosigkeit. Das zeigt insbesondere der Vergleich mit anderen besonders langen „Auftritten" in den Räubern, in denen mehr Lebhaftigkeit herrscht, weil mehr Personen beteiligt sind und sich in die Auseinandersetzungen mischen: etwa das Wortgefecht zwischen dem Pater und Karl von Moor am Ende von II, 3 (immerhin gut sechs Seiten) oder der letzte „Auftritt" des Dramas, der damit einsetzt, dass eine Gruppe von Räubern mit Amalia am Lagerplatz erscheint (ebenfalls gut sechs Seiten). Unter dieser Perspektive ist es nicht sehr verwunderlich, dass die erste Hälfte des Schauspiels, die die oben angeführten drei langen Gespräche unter vier Augen enthält, bei der Uraufführung nach dem Bericht von Schillers Freund Andreas Streicher nicht die erhoffte Wirkung erzielte, während der zweite Teil die hohen Erwartungen des Publikums erfüllte. Schiller selbst scheute sich in seiner kurz nach der Uraufführung geschriebenen Selbstrezension nicht, kritisch anzumerken, dass „das *ganze Schauspiel in der Mitte erlahmt*" (ED, S. 163). Gemeint sind offensichtlich die letzte Szene des zweiten Aktes und der ganze dritte Akt (S. 59–94) – Teile des Dramas, in denen besonders wenig gehandelt und besonders viel erzählt wird.

Erzählungen

Die Räuber enthalten rund ein Dutzend Erzählungen:

- Spiegelbergs Erzählung von der Vergeltung für die Verwundung von Karls Dogge (I, 2, S. 24 f.);
- Spiegelbergs Kindheitserinnerung an den bissigen Hund des Nachbarn (I, 2, S. 25 f.);
- die biblische Geschichte vom angeblichen Tod von Jakobs Lieblingssohn Joseph, die Amalia dem alten Grafen vorliest (II, 2, S. 57);
- Spiegelbergs Erzählung, wie er einen unschuldigen Wurmdoktor an den Galgen gebracht hat (II, 3, S. 59 f.);
- sein Bericht vom Überfall auf das Cäcilienkloster (II, 3, S. 60 f.);
- seine zusammenhängenden Mitteilungen über seine skrupellosen Methoden, der Räuberbande neue Mitglieder zuzuführen (II, 3, S. 62–64);
- Razmanns Erzählung vom Überfall Moors auf den Grafen von Regensburg (II, 3, S. 64 f.);
- der durch Zwischenrufe und Auftritte neu hinzukommender Räuber vielfach unterbrochene Bericht von Rollers Befreiung, bei der Schwarz, Schweizer, Roller und Schufterle als Erzähler auftreten (II, 3, S. 66–71);
- die knappe zusammenfassende Erzählung Moors von seinen Vergeltungstaten an den reichen und korrupten Mächtigen (II, 3, S. 77);
- der Bericht Kosinskys über seine Vorgeschichte und das Schicksal seiner Braut Amalia (III, 2, S. 92–94);
- die Erinnerung das alten Dieners Daniel daran, wie sich Karl als kleiner Junge die Narbe an der Hand zugezogen hat, an der er ihn nun wiedererkannt hat (IV, 3, S. 105 f.);
- der Bericht des alten Grafen darüber, wie ihn sein jüngerer Sohn lebendig begrub (IV, 5, S. 122–124);
- und schließlich Franz' Erzählung von seinem Traum vom Jüngsten Gericht (V, 1, S. 129–131).

Manche dieser Erzählungen, wie die beiden zuletzt erwähnten, haben eine unmittelbar einleuchtende Funktion für den Fortgang der Handlung oder zumindest für das Charakterporträt wichtiger Figuren. Für andere Erzählungen, speziell für die Spiegelbergs, gilt das nur in eingeschränkter Weise. Diese Erzählungen hemmen den dramatischen Fluss des Schauspiels und verstärken die **epische Wirkung** des Stücks.

Es ist wohl kein Zufall, dass gerade die längste Szene der *Räuber* (II, 3) bis zum Auftritt des Paters aus einer fast ununterbrochenen Kette von Erzählungen besteht. Hier geht beim Lesen des Stücks der dramatische Charakter fast ganz verloren; und die Inszenierung der Szene, die nicht ohne energische Striche auskommen wird, ist keine leichte Aufgabe.

Selbstaussprachen

Ausgiebig macht Schiller in den *Räubern* vom **Monolog** Gebrauch. Dieser ist ein akzeptiertes Mittel, um die Gedanken und inneren Konflikte von Bühnenfiguren mitzuteilen. Sehr elegant ist dieses Mittel allerdings nicht, weil es natürlich in der Wirklichkeit nicht üblich ist, dass man, sobald die anderen das Zimmer verlassen haben, laut mit sich zu reden beginnt. Das Innenleben von Figuren aufzudecken, ist im Roman jederzeit möglich, ohne dass dies unnatürlich wirken würde. Beim Drama ist es nicht mehr als ein Notbehelf.

Auch die vielen Monologe in den *Räubern* verstärken somit den **epischen Grundzug** des Stücks und weisen zugleich auf eine noch unvollkommene Beherrschung der dramatischen Form durch den unerfahrenen jungen Autor. Denn eleganter und dramatisch wirkungsvoller ist es, das Innenleben der Bühnenfiguren, ihre Hintergedanken und geheimen Pläne in ihren Handlungen und ihrem Kommunikationsverhalten sichtbar werden zu lassen. Das geschieht in den *Räubern* nur ansatzweise (etwa in den Szenen IV, 2 und IV, 4).

Dramentechnisch ist der vielfache Rückgriff auf den Monolog also ein Schönheitsfehler. Gleichzeitig hat er aber, im Hinblick auf die Charakterzeichnung der Hauptfiguren, eine überzeugende Funktion: Er betont deren innere und äußere Isolation.

Die beiden feindlichen Brüder Franz und Karl haben im Stück je fünf Monologe:

- **Franz** legt am Ende der ersten Szene sein materialistisches und zynisches Glaubensbekenntnis ab (S. 18–21).
- Er denkt am Anfang des zweiten Aktes über den perfekten Mord (an seinem Vater) nach (S. 43–45).
- Am Ende der nächsten Szene, nachdem der Anschlag scheinbar geglückt ist, lässt er seinen Triumphgefühlen freien Lauf und entwirft ein Bild seiner künftigen Schreckensherrschaft (S. 58).
- Er erkennt im vierten Akt in der Bildergalerie, dass der bedrohliche fremde Graf in Wirklichkeit sein Bruder Karl ist, und beschließt, nun auch noch diesen aus dem Weg zu räumen, weil es für ihn ohnehin kein Zurück mehr geben kann (S. 98 f.).
- Dieses neue in Auftrag gegebene Verbrechen lastet jedoch schon vor seiner Ausführung schwerer auf ihm als der vermeintliche Mord am Vater. So dient der letzte Monolog von Franz dem Zweck, sich in seiner gewissenlosen Haltung zu bestärken (S. 103 f.).

- **Karls** erster Monolog in II, 3 führt den Moment seiner Einsicht vor, als Rächer und Verbesserer der Menschheit gescheitert zu sein: Bei der Sprengung des Pulverturms, die der Befreiung Rollers diente, sind gerade die schwächsten Glieder der Gesellschaft, die Kinder, die (schwangeren) Frauen und die Alten, umgekommen und sogar vorsätzlich ermordet worden (S. 72). Dies hat zur Folge, dass Karl sich mehr und mehr vom Rest der Räuberbande absondert.

- In III, 2 trauert er – *„zurückgesunken"* – seiner verlorenen Unschuld nach und wünscht sich, er könnte in den Schoß seiner Mutter zurückkehren (S. 87). Im strengen Sinne handelt es sich hier um keinen Monolog, denn die Räuber Grimm und Schwarz werden Zeugen seiner wehmütigen Selbstaussprache. Sie sind einigermaßen schockiert über die Anwandlung ihres Hauptmanns. Dass er auf ihre Anwesenheit keinerlei Rücksicht nimmt, drückt weniger den Grad ihrer Vertrautheit aus, sondern vielmehr, wie gleichgültig es ihm ist, was sie sich für Gedanken über ihn machen. Er tut einfach, als wären sie gar nicht da. Dieser Umstand rechtfertigt es, auch in dieser Situation von einem Monolog zu sprechen, der sogar in seinem monologischen Charakter besonders ausgeprägt beziehungsweise brisant ist, weil hier Gesprächspartner zur Verfügung stehen, jedoch unbeachtet bleiben.
- In seinem dritten Monolog feiert Karl zu Beginn des vierten Aktes die Rückkehr an die Stätten seiner Kindheit, von denen er sich jedoch, wie er ahnt, durch seine eigenen Taten für immer ausgeschlossen hat (S. 95 f.).
- Im kurzen vierten Monolog in der übernächsten Szene erkennt er, dass es allein die Intrige seines Bruders war, der er die väterliche Verdammung zu verdanken hat. Die Einsicht, wie leicht es ihm möglich gewesen wäre, seinem Schicksal eine ganz andere Wendung zu geben, macht seine Verzweiflung nur noch größer: „oh ich Ungeheuer von einem Toren [...]. Es hätte mich einen Fußfall gekostet, es hätte mich eine Träne gekostet – oh ich blöder, blöder, blöder Tor!" (S. 108)
- In IV, 5 – nachdem er sich Amalia zu erkennen gegeben hat und doch davon überzeugt ist, als „Totschläger" keine Ansprüche an sie stellen zu dürfen – denkt er über Selbstmord nach, entscheidet sich dann aber dagegen: „Nein! ich will's dulden! *(Er wirft die Pistole weg.)* Die Qual erlahme an meinem Stolz! Ich will's vollenden." (S. 118–120, dort S. 120)

Diese zehn Monologe zeigen, wie sehr die beiden Brüder Franz und Karl für sich stehen, wie **isoliert** sie von den anderen Figuren des Stücks sind, mit denen sie kaum in einen echten Austausch treten. Alles Wichtige machen sie mit sich allein aus. Beide Brüder sind **hochmütig,** wenn auch aus verschiedenen Gründen. Der Hochmut von Franz ist vom Bewusstsein genährt, von niemandem geliebt zu werden und klüger und vorurteilsloser zu sein als alle. Karls Hochmut ist eine Folge seiner Empfindung, ungerechterweise in ein falsches Schicksal geraten zu sein. Dass Karl nicht immer hochmütig und isoliert gewesen ist, das beweisen die Hinweise auf seine Kindheit und Jugend in der ersten Szene des Stücks, besonders aber die zärtliche Liebe des Vaters, die Hingabe und Treue Amalias, die Anhänglichkeit des alten Dieners Daniel und nicht zuletzt die Begeisterung der Räuber für ihren Hauptmann, die lange vorhält.

Auch zwischen den Brüdern gibt es nichts zu bereden. In keiner Szene stehen sie gemeinsam auf der Bühne. Sie weichen einander aus. Sie wollen sich gegenseitig vernichten, ohne sich mit dem anderen auseinander setzen zu müssen. Diese Unerbittlichkeit lässt ihren Vater noch schwächer und hilfloser erscheinen, als er ohnehin schon ist. Karl, der seinen Vater liebt, setzt sich in V, 2, als er ihn aus dem Kerker befreit hat, ebenso über dessen Wünsche hinweg, wie Franz, der seinen Vater hasst, am Anfang des Stücks. „Schreib ihm, dass ich tausend blutige Tränen, tausend schlaflose Nächte – Aber bring meinen Sohn nicht zur Verzweiflung!“ (S. 18) Diese Bitte des unglücklichen Vaters an Franz verhallt ebenso wirkungslos wie sein Flehen gegenüber seinem Retter, in dem er noch nicht den Sohn Karl erkannt hat: „Verzeihung sei seine Strafe – meine Rache verdoppelte Liebe.“ Karl will davon nichts wissen: „Nein, bei meiner grimmigen Seele. Das soll nicht sein. Ich will's nicht haben.“ (S. 139) Auch in ihrem Umgang mit dem eigenen Vater zeigt sich auf solche Weise der monologische Zug sowohl in Karls Charakter wie in dem von Franz.

Neben den Monologen von Karl und Franz gibt es in den *Räubern* nur noch einen weiteren Monolog: den **Amalias** zu Beginn der Szene IV,4. Allein im Garten versucht sie, sich über ihren inneren Aufruhr Rechenschaft abzulegen. Der fremde Graf hat sie tief beeindruckt. Sie ist jedoch fest entschlossen, Karl die Treue zu halten. Diese widerstreitenden Gefühle kommen in ihrer Selbstaussprache zum Ausdruck. Ihr Monolog gibt Einblick in ihr Seelenleben, kurz bevor es zur entscheidenden Begegnung mit Karl kommt. Dieser Einblick ist für das Gleichgewicht des sich anschließenden Gesprächs notwendig; denn über Karls innere Konflikte in Bezug auf Amalia ist der Zuschauer beziehungsweise Leser ja durch dessen Monologe schon genau im Bilde.

Da jede Selbstaussprache einer Figur dem Zweck dient, den Zuschauer oder Leser tiefer mit der Persönlichkeit der jeweiligen Figur vertraut zu machen, deuten Anzahl und Umfang der Monologe einer Figur auf ihren Stellenwert im Figurenensemble des Stücks. Amalia ist aus dieser Sicht als die dritte Hauptfigur in den *Räubern* anzusehen, zumal auch die beiden Lieder, die sie singt, Einblick in ihr Seelenleben geben.

Lieder

Liedeinlagen können im Drama eine ähnliche Funktion übernehmen wie Monologe. Auch sie bringen – wenn auch nicht unmittelbar, sondern in poetischer Verkleidung – zum Ausdruck, was die jeweiligen Sänger empfinden.

In den *Räubern* wird fünf Mal gesungen: In II,2 singt Amalia dem alten Grafen Moor das Lied vom „Abschied Andromachas und Hektors“ vor (S. 51 f.). Eingangs des dritten Aktes besingt sie die Herrlichkeit eines verlorenen Geliebten (S. 81). In IV,4 beginnt sie nochmals mit dem Abschiedslied, woraufhin der fremde Graf beziehungsweise Karl ihr die Laute wegnimmt und das Lied fortsetzt, um sich ihr auf diese Weise zu erkennen zu geben (S. 112). Die folgende Szene beginnt mit einem von der Räuberbande gesungenen Lied (S. 112 f.). Und noch in der gleichen Szene greift Karl noch einmal zur Laute und singt von der Begegnung des Brutus mit dem toten Cäsar (S. 117 f.).

Das **Abschiedslied Amalias** lässt sich leicht auf ihre eigene Situation beziehen. Andromache und Hektor sind Figuren aus Homers *Ilias,* dem antiken Epos vom Krieg um Troja. Hektor ist der älteste Sohn des Priamos, des Königs der von den Griechen belagerten Stadt. Achill, der größte Kriegsheld auf griechischer Seite, hat ihn zum Zweikampf herausgefordert, weil Hektor seinen Freund Patroklos getötet hatte. Um sein Vaterland zu retten, stellt sich Hektor dem Kampf, in dem er unterliegt und umkommt. Andromache ist seine Frau. In Amalias Lied bringt Andromache zum Ausdruck, dass sie Angst um ihren Mann hat. Trotzdem geht er. Er muss seiner männlichen Pflicht genügen, auch wenn er dadurch seine Familie ins Unglück stürzt.

Das Lied handelt also von Männern, die sich im feindlichen Getümmel der Welt bewähren müssen, und von Frauen, die verlassen werden und daheim bleiben müssen und deren Bewährung darin liegt, den fernen oder toten Männern unverbrüchlich die Treue zu halten. Das entspricht Amalias Lage. Das Lied zeigt, dass sie sich mit diesem Rollenbild identifiziert. Sie fühlt sich an Karl von Moor gebunden, als wäre sie mit ihm verheiratet. Auch scheint sie geneigt, sich gerade über die schwache Seite ihres Geliebten, seinen Leichtsinn, hinwegzutäuschen. Karl ist ja nicht aufgebrochen, um das Vaterland zu retten, sondern lediglich als Student nach Leipzig gegangen, wo er offenbar gleich ziemlich über die Stränge geschlagen hat. Indem sie Karl mit Hektor, dem geradezu personifizierten Verantwortungsbewusstsein, identifiziert, verleiht sie ihrem eigenen Leiden die Würde, die es ihr ermöglicht, weiter an ihrem verlorenen Geliebten festzuhalten.

Übrigens darf man die Ausdeutung dieses Liedes nicht zu sehr strapazieren. Denn Amalia macht gegenüber dem alten Grafen die Bemerkung, Karl und sie hätten das Lied „oft zusammen zu der

Laute gesungen“ (S. 50) – zu einer Zeit, zu der Amalia noch nicht auf den Gedanken kommen konnte, die Strophen auf ihre Situation zu beziehen. Dennoch ist es natürlich kein Zufall, dass Amalia gerade dieses Lied in besonderen Ehren hält. Man kann voraussetzen, dass Schiller, wie jeder gute Autor, seine Figur nicht irgendein gleichgültiges Lied vortragen lässt, sondern eines, das beziehungsreich auf die inneren Konflikte der Figur anspielt.

Auf der anderen Seite ist Amalias Hinweis gegenüber dem alten Moor wichtig, weil er die Szene vorbereitet, in der sich der fremde Graf ihr gegenüber als der verlorene Geliebte zu erkennen gibt: Nur auf dem Hintergrund der Information, dass die beiden dieses Lied in glücklicheren Tagen oft zusammen gesungen haben, wird deutlich, dass Amalia nun die Augen über die wahre Identität des fremden Grafen geöffnet sind. Das Lied erfüllt demnach eine doppelte Funktion. Es verleiht der Figur der Amalia eine zusätzliche Tiefendimension und es ermöglicht dem Autor, Karls Lüftung seines Inkognitos in IV,4 auf wirkungsvolle und dramaturgisch elegante Weise in Szene zu setzen: ohne melodramatische Erklärungen, Beichten und Ausrufe des Schreckens oder Entzückens, sondern durch eine improvisierte Handlung. Jedoch führt auch die Lüftung des Inkognitos nicht dazu, dass die beiden Liebenden sich in die Arme fallen. Das lässt Karl gar nicht zu. Er singt nur zwei Zeilen, dann wirft er die Laute weg und flieht. Gerade dadurch, dass die Szene frühere Szenen aus sorglosen, glücklicheren Zeiten zitiert – die der Handlung des Stücks vorausliegen, von denen der Zuschauer aber durch Amalias Bemerkung weiß –, wird in großer Anschaulichkeit und Schärfe deutlich, dass Karl in das Paradies seiner Kindheit und Jugend, dem er schon zuvor verzweifelt nachgetrauert hat (vgl. S. 87 und S. 95), nicht mehr zurückfinden wird.

Wie sehr sie ihren Geliebten idealisiert, zeigt vor allem **Amalias zweites Lied** (S. 81). Hier wird auch deutlich, dass sie an seinen Tod glaubt: Sie versetzt ihn nach Walhalla, das Totenreich der nordischen Mythologie, in einem engeren Sinne aber auch die Ruhmeshalle der gefallenen Helden. Die Verklärung Karls bringt jedoch nicht ihr heftiges Liebesverlangen zur Ruhe. Im Gegenteil ist das Lied von Erinnerungen an die Entzückungen sinnlicher Liebe durchzogen. Das Lied betont Amalias Leidenschaftlichkeit, die durch den vermeintlichen Tod ihres Geliebten nun ins Leere läuft. Umso widerwärtiger wirken die lüsternen Anträge und die Handgreiflichkeiten von Franz, die noch in der gleichen Szene folgen. Mit der Heldenhaftigkeit, die sie ihrem Karl zuschreibt, setzt sie sich gegen Franz zur Wehr: Sie entreißt ihm seinen Degen und zwingt ihn zum Rückzug. Hier offenbart sich der Mechanismus von Amalias Idealisierung ihres Geliebten: Sie spricht ihm all die Vorzüge zu, die eigentlich sie selbst besitzt – Schönheit, Leidenschaftlichkeit, Heldenhaftigkeit.

Das **Lied der Räuber** nimmt unter den Liedern des Stücks eine Ausnahmestellung ein. Als in der Gruppe gesungenes Lied verrät es natürlich wenig über das Seelenleben der einzelnen Sänger. Doch hat auch dieses Lied eine charakterisierende Funktion. Es demonstriert die sittliche Verrohung von Moors Leuten, und ihre Entschlossenheit, ihr Räuberleben auszukosten, ohne sich große Gedanken über ihr verbrecherisches Tun, über dessen Folgen für sie und andere, zu machen. Schon die erste Strophe fasst ihr Glaubensbekenntnis bündig zusammen: „Stehlen, morden, huren, balgen / Heißt bei uns nur die Zeit zerstreun. / Morgen hangen wir am Galgen, / Drum lasst uns heute lustig sein." (S. 112) Dieses simple Programm deutet auf den Abgrund, der die Bande *inzwischen* von ihrem Hauptmann trennt; denn das Lied zeigt auch, dass sich die Räuberbande im Laufe der Zeit stark gewandelt hat. Die Gründungsmitglieder der Bande, die in I, 2 namentlich genannt sind – neben Moor: Spiegelberg, Roller, Schwarz, Grimm, Razmann und Schufterle –, und die auch im weiteren Fortgang der Räuberhandlung eine herausgehobene Rolle spielen, sind zwar auch nicht durchweg erfreuliche Charaktere – etwa Spiegelberg, aber auch Razmann und vor allem Schufterle –, aber sie verfügen doch zumindest über eine intellektuelle Halbbildung, die ihnen einen Zugang zum komplizierteren Charakter ihres idealistischen Anführers eröffnet. Sie achten ihn, weil sie sich ansatzweise in ihn hineindenken können und daher auch in der Lage sind, seine geistige Überlegenheit anzuerkennen. Ihre Halbbildung haben diese Gründungsmitglieder aus dem studentischen Milieu Leipzigs bezogen. Dort haben sie, als Gruppe respektloser Gleichgesinnter, die Gesellschaft so lange provoziert, bis diese sie nicht mehr in ihrer Mitte zu dulden bereit war. (Im Personenverzeichnis des Stücks werden sie als „Libertiner" bezeichnet, was zu Schillers Zeit vor allem auf moralische Indifferenz und sexuelle Ausschweifungen hindeutet.) Schiller nennt sie in seiner Selbstrezension einen „Zirkel lüderlicher Brüder" (ED, S. 153). Ihr Vokabular, ihre Argumentationsfähigkeit, ihr anspielungsreicher Wortwitz beweisen, dass sie eine andere Sorte von Räubern repräsentieren als die, die sich im Räuberlied des vierten Aktes zu Wort melden.

Diese gewissermaßen primitiveren Räuber des Räuberliedes geben aber offenkundig mittlerweile den Ton an. Aus welchen Milieus sie stammen, davon vermittelt der selbstgefällige Bericht Spiegelbergs über seine Anwerbungsmethoden in II, 3 eine Vorstellung: Er findet seine Männer vornehmlich in „Kaffeehäuser[n], Bordelle[n], Wirtshäuser[n]" (S. 62) und ist darüber hinaus immer dann erfolgreich, wenn es ihm gelingt, Menschen in die Enge zu treiben, die nicht die geistige Beweglichkeit haben, sich seinen Druckmitteln zu entziehen.

Die innere Entwicklung der Bande führt zu einem schleichenden Autoritätsverlust Moors, der sich in der Schlussszene zuspitzt: Nicht bereit, sich von der persönlichen Tragik des Hauptmanns beeindrucken zu lassen, und kaum in der Lage, diese wirklich nachzuempfinden, spüren die Räuber allein den Verrat, der darin liegt, dass sich ihr Anführer von ihnen trennen will.

Auch haben sie wohl schon längere Zeit die Verachtung gespürt, die er ihnen gegenüber in stolzer Rücksichtslosigkeit recht offen zur Schau trägt. Eindringlich hat er beispielsweise Kosinsky im Beisein der übrigen Räuber ermahnt: „lern erst die Tiefe des Abgrunds kennen, eh du hineinspringst! [...] Du trittst hier gleichsam aus dem Kreise der Menschheit – entweder musst du ein höherer Mensch sein, oder du bist ein Teufel [...].“ (S. 91)

Am Ende sind Roller und Schweizer, Moors engste Gefolgsleute, tot. Grimm und Schwarz, zwei weitere treue Weggefährten, bringen dem Hauptmann die Nachricht von Schweizers Selbstmord. „Teurer Hauptmann“, spricht Schwarz Moor an, „mein Hauptmann“, sagt Grimm (S. 142). Doch diese Ehrerbietung ist längst nicht mehr repräsentativ für die Stimmung der ganzen Bande. Diese stellt sich am Ende gegen den Willen ihres Anführers, indem sie ihn in aggressiver Weise daran erinnert, dass er einer der ihren ist, dass er nicht einfach gehen darf. Erstmals treten hier einzelne Mitglieder aus der starken Gruppe der namenlosen Räuber als Sprecher hervor und bedrohen den Hauptmann, der Amalia umschlungen hält:

> EIN RÄUBER (grimmig hervortretend): *Halt ein, Verräter! – Gleich lass diesen Arm fahren – oder ich will dir ein Wort sagen, dass dir die Ohren gellen, und deine Zähne vor Entsetzen klappern!* (Streckt das Schwert zwischen beide.) / EIN ALTER RÄUBER: *[...] Treuloser, wo sind deine Schwüre? [...] Ehrloser! Treuvergessener! Und du willst abfallen, wenn eine Metze greint?* / EIN DRITTER RÄUBER: *Pfui, über den Meineid! [...]* / DIE RÄUBER (durcheinander, reißen ihre Kleider auf): *Schau her, schau! Kennst du diese Narben? du bist unser! [...] Marsch mit uns, Opfer um Opfer! Amalia für die Bande!* (S. 145 f.)

Das ist eine andere Sprache als die der Leipziger Kumpane, die Moor seinerzeit zu ihrem Anführer gemacht haben. Diese wären ihm nie auf eine so rohe Weise entgegengetreten. Selbst Spiegelberg, der aus Enttäuschung darüber, nicht selbst zum Hauptmann erkoren worden zu sein, von Anfang an gegen Moor wühlt und schließlich sogar Razmann zu einem Mordanschlag auf Moor überredet (vgl. S. 36, S. 64, S. 114 f.), würde es nicht gewagt haben, so mit dem Hauptmann zu sprechen. Für die Schlussszene des Dramas ist es daher notwendig, die bisher schweigende Mehrheit der Räuber aus ihrer Anonymität heraustreten zu lassen. Schon allein dadurch wird der Stimmungsumschwung deutlich, der sich mittlerweile innerhalb der Bande vollzogen hat. Das Räuberlied zu Beginn von IV, 5 hat die Funktion, diesen Stimmungsumschwung rechtzeitig anzudeuten, damit er in der entscheidenden Schlussszene glaubwürdig erscheint.

Das **letzte Lied des Dramas** singt **Karl.** Wie die Lieder Amalias dient es dazu, auf vermittelte Weise einen Blick in die Seele einer Hauptfigur werfen zu können. Er singt das Lied nur wenige Stunden, nachdem er sich Amalia zu erkennen gegeben hat und dann vor ihr geflohen ist. Von daher ist es überraschend, dass sich das Lied nicht mit der Unerfüllbarkeit seiner Liebe beschäftigt, sondern offenbar mit Karls Beziehung zu seinem Vater. Im Lied begegnet Brutus, der sich den „letzten aller Römer" nennt – was so viel bedeutet wie: den letzten eines aussterbenden Geschlechts von großen Männern –, als ein Geschlagener und Gebeugter in felsiger Landschaft dem toten Cäsar. Es kommt zu einem Zwiegespräch, in dem Cäsar den Verrat des Brutus beklagt: Er hätte ihn nicht zu ermorden brauchen. Cäsar habe ihn wie seinen Sohn betrachtet. Sein Erbe wäre ihm auch so zugefallen. Brutus entgegnet, dass nur er selbst Cäsar ebenbürtig gewesen sei und dass zwei so große Männer keine friedliche Koexistenz führen können: „Wo ein Brutus lebt, muss Cäsar sterben." (S. 118)

Schon die tatsächliche Aussage des Liedes ist nicht leicht und sicher nicht eindeutig zu ermitteln. Noch schwerer ist es, den vermeintlichen Sinn des Liedes auf Karls Situation zu beziehen. Die beschriebene Konstellation scheint eher auf Franz zu passen.

Doch ist es sinnlos, anzunehmen, dass Karl hier nicht von sich selbst spricht: zu sehr ist er als Figur auf sich selbst fixiert, zu sehr würde das gegen die Konvention der lyrischen Selbstaussage verstoßen, zu deutlich ist ferner Brutus als ein großer Mann charakterisiert. Zudem mündet das Lied unmittelbar in den letzten und längsten Monolog Karls. Und schließlich weiß ja Karl auch zu diesem Zeitpunkt noch nicht, dass Franz versucht hat, seinen Vater zu ermorden. Karl spricht also von sich selbst.

Nachdem kurz zuvor deutlich geworden ist, wie belastet Karls Haltung gegenüber Amalia durch seine Existenz als Räuber ist, zeigt sich nun in Karls Lied, dass auch seine innere Haltung gegenüber dem Vater viel problematischer ist, als man erwarten könnte. Die beiden geliebtesten Menschen, denen seine Sehnsucht gilt – die Sehnsucht nach ihnen fällt wohl weitgehend zusammen mit seiner Sehnsucht nach dem verlorenen Stand der Unschuld und der Zugehörigkeit zur Gemeinschaft der in Liebe verbundenen Menschheit –, lösen bei ihm sehr ambivalente Gefühle aus. Was das Verhältnis zu seinem Vater angeht, so hat Karl lange – während seiner gesamten Existenz als Räuber – im Bewusstsein gelebt, vom Vater maßlos ungerecht und hart behandelt worden zu sein. Nun hat er erkennen müssen, dass im Gegenteil er gegenüber seinem Vater im Unrecht ist. Sein Vater hat entsetzlich gelitten, weil er, Karl, die Intrige von Franz nicht durchschaut hat und, im Gefühl seiner Kränkung, nicht den Versuch unternommen hat, die Dinge in der persönlichen Begegnung mit dem Vater wieder ins Reine zu bringen: „voll Liebe sein Herz – oh ich Ungeheuer von einem Toren – voll Liebe sein Vaterherz [...].“ (S. 108) Seine Selbstgerechtigkeit hindert ihn jedoch daran, sich offen mit seiner Schuld auseinander zu setzen. Stattdessen steigert er sich in den Hass gegen Franz hinein, der an allem schuld sein soll. Er verdrängt sein eigenes Versagen, doch die verdrängte Wahrheit arbeitet unterbewusst in ihm weiter. In seinem Lied gelangt sie wieder an die Oberfläche. Weil er hier nicht direkt von sich selbst spricht, sondern das Eingeständnis in der poetischen Rollenprosa etwas auf Distanz hält, fällt es ihm leichter, seinen wahren Empfindungen Ausdruck zu verleihen: Er ist der Mörder seines Vaters. Seine Gewissensbisse zwingen ihm, weil er es nicht gelernt hat, um Vergebung zu bitten, die Vorstellung auf, dass er gewissermaßen unter einem naturgesetzlichen Zwang gehandelt habe, weil für zwei so große Männer wie für ihn und für seinen Vater kein Platz unter der Sonne ist. Er gibt auf diese Weise seinem Hang nach, sich selbst zu monumentalisieren, seinen persönlichen Konflikten eine weltgeschichtliche Bedeutung beizumessen. Weil er sich von seinem Vater ungerecht behandelt glaubte, hat er ja seinerzeit beschlossen, zum Rächer der Menschheit zu werden. Betrachtet man jedoch den fast unerträglich milden und antiautoritären alten Grafen Moor, so sieht man schnell, dass es sich bei ihm um keinen Cäsar handelt. Und auch Karl hat, bei aller Entschlossenheit in Wort und Tat, zu viele weiche und sentimentale Züge, um für einen Brutus gelten zu können.

Diese Hinweise haben gezeigt, dass die Lieder in den *Räubern* – künstlerische Einlagen, über die man gerne hinwegliest – wichtige Funktionen für den **inneren Zusammenhalt der Handlung** besitzen sowie für das **tiefere Verständnis der Konflikte,** die sich zwischen den Figuren abspielen. In diesem Sinne verleihen sie der Handlung eine zusätzliche Dynamik.

In einem äußerlicheren Sinn bringen sie jedoch, ähnlich wie die Monologe, zunächst einmal die **Handlung** zum **Stillstand.** Während gesungen wird, „passiert nichts". Nur eine Gesangseinlage in den *Räubern* macht in dieser Beziehung eine Ausnahme: die zwei Zeilen, die Karl singt, nachdem er Amalia die Laute aus der Hand genommen hat. Hier ist der Gesang ganz Handlung, ganz Aktion geworden. Aber das ist eben nicht der Normalfall.

Im Normalfall sind Liedeinlagen im Drama den Arien in der Oper vergleichbar. Hier wie dort hält die Handlung an. Weil die Oper – jedenfalls die für Schiller zeitgenössische Oper des ausgehenden 18. Jahrhunderts – zu einem großen Anteil aus Arien besteht, wird der nahezu ständige Stillstand der Handlung für diese Form des Bühnenwerks sogar zu einem strukurellen Problem (sofern man auch an sie die Erwartung richtet, dass sie eine Geschichte erzählt und nicht nur schöne Musik enthält). Im Schauspiel wirkt sich das nicht so stark aus, weil Lieder hier seltener vorkommen. Aber auch sie tragen zur Auflösung der „reinen" Dramenform bei, wenn man Drama in grundsätzlicher Weise als Handlung definiert. Wer Schillers Hinweis folgt, seine *Räuber* seien kein „theatralisches Drama", sondern ein „dramatischer Roman", wird auch die Lieder des Stücks ins Feld führen können, um diese Einschätzung zu unterstreichen.

Franz von Moor (Michael Maertens) und Amalia von Edelreich (Katja Riemann). „Die Räuber" in der Inszenierung von Alexander Lang am Schiller-Theater Berlin 1990. Archiv: Ilse Buhs / Jürgen Remmler © Deutsches Theatermuseum

3 Der dramengeschichtliche Kontext

Die beiden feindlichen Brüder, die das Stück beherrschen, sind extreme und beinahe monströse Charaktere. Schiller selbst hat – zumindest hinsichtlich der Figur des Franz – in seiner Selbstrezension der Bühnenfassung eingeräumt, dass „dieser Charakter [...] mit der menschlichen Natur mißstimmt" (ED, S. 161). Als Grund für das **Überzogene in der Anlage seiner Hauptfiguren** hat Schiller an anderer Stelle angegeben, dass er aufgrund seiner jahrelangen Kasernierung in der Karlsschule als junger Dichter mit „Menschen und Menschenschicksal" noch „unbekannt" gewesen sei und daher notwendig „ein Ungeheuer hervorbringen" musste (*Ankündigung der „Rheinischen Thalia"*, ED, S. 172 f.). Nichtsdestotrotz beharrt Schiller in der Selbstrezension darauf, dass Franz als Charakter „ganz übereinstimmend mit sich selbst" sei (ED, S. 161). Das bedeutet: Die Figur denkt und handelt in einer Weise, die man einem wirklichen Menschen nicht zutrauen würde. In dieser Hinsicht ist sie nicht aus dem Leben gegriffen, sondern ganz ausgedacht. Auf der anderen Seite ist sie jedoch **psychologisch ohne Brüche.** Anders als die Figuren des Theaters der Aufklärung, deren Innenleben noch ganz in der psychologisch unbeholfeneren Art der traditionellen Dramatik auf nur einer oder allenfalls auf einer überschaubaren Zahl isolierter Charaktereigenschaften beruhte – man denke an Molières *Geizigen* oder seinen *Eingebildeten Kranken,* aber auch an Rollenfächer wie den pedantischen Alten, die junge Naive, die rasend Eifersüchtige –, erscheinen die Hauptfiguren in den *Räubern* als ebenso komplex wie wirkliche Menschen: einerseits nie zur Gänze ausdeutbar und erschöpfend analysierbar (mit einem Begriff Goethes: inkommensurabel), andererseits eben psychologisch stimmig.

Die Erfindung solcher nicht künstlich zusammengesetzter, sondern organisch gefühlter Charaktere ist eine wesentliche Leistung der Dramatik des **Sturm und Drang,** zu der die *Räuber* noch gezählt werden können, auch wenn sie mit einigen Jahren Verspätung erschienen sind, als dieser kurzlebigen Epoche im Grunde schon wieder der Atem ausgegangen war. Jakob Michael Reinhold Lenz (1751–1792), dem sowohl für die Theorie wie auch für die Dramenproduktion des Sturm und Drang eine herausgehobene Bedeutung zukommt, hat in seinen *Anmerkungen übers Theater* (1774) sogar die These aufgestellt, das Rückgrat der Tragödie sei nicht die Handlung, sondern seien die Charaktere. Diese **Konzentration auf die Charaktere** führt in vielen Dramen des Sturm und Drang dazu, dass die Handlung gar nicht in Gang kommt. **Handlungshemmung** ist ein wichtiges Merkmal der Dramatik des Sturm und Drang. Statt etwas zu tun, setzen sich die Figuren damit auseinander, warum es sie so viel Überwindung kostet, etwas zu tun. Dies ist nicht das Problem der Brüder Franz und Karl von Moor. Sie grübeln und rechtfertigen sich viel, handeln aber nichtsdestoweniger kurzentschlossen. Dies macht die *Räuber,* ungeachtet ihrer epischen Elemente, viel interessanter und letztlich auch bühnenwirksamer als die meisten anderen Stücke des Sturm und Drang.

Die für die Dramatik des Sturm und Drang bezeichnende Handlungshemmung lässt sich noch aus einer zweiten Voraussetzung herleiten. Sie entspricht der Handlungshemmung des wirtschaftlich erstarkten und geistig selbstbewusst gewordenen **Bürgertums** zur Zeit des Spätabsolutismus. Weil es, ungeachtet seiner tragenden Funktion innerhalb der Gesellschaft, keine Gelegenheit erhielt, an der Macht teilzuhaben, zog es sich gezwungenermaßen in sich selbst zurück und kultivierte seine Innerlichkeit. In der Literatur des Sturm und Drang fand diese Konstellation vornehmlich im Motiv des Konflikts zwischen Vater und Sohn ihren Ausdruck – oft auch abgewandelt im Motiv der feindlichen Brüder, das lediglich eine weitere Verschleierung des eigentlich gemeinten Konflikts zwischen dem aufstrebenden Bürgertum und den Vertretern der alten Ordnung ist, die nicht bereit sind, ihre Macht zu teilen. Sowohl der Vater-Sohn-Konflikt wie auch seine abgewandelte Form des Bruder-Konflikts bestimmen in den *Räubern* das Geschehen.

Die Komplexität und psychologische Wahrhaftigkeit der Charaktere, der Anspruch der Dramenfiguren auf ungehinderte Entfaltung ihres Selbst, die Schilderung der gesellschaftlichen Zwänge, die einem solchen Anspruch entgegenstehen – all das begründet die **Modernität des Sturm und Drang.**

Dass auch Schiller in der Eigenart der von ihm erfundenen Figuren den hauptsächlichen Wert seines Schauspiels sah, zeigt seine ausführliche Selbstrezension (vgl. ED, S. 153–169). Auf die einleitende Inhaltsangabe folgt eine gründliche kritische Auseinandersetzung mit den Figuren des Stücks, die weitaus den größten Teil der gesamten Besprechung ausmacht. Diese *Interpretationshilfe* schließt sich dem an und setzt ähnliche Schwerpunkte.

Das Drama des Sturm und Drang

1768	*Ugolino*	Heinrich Wilhelm von Gerstenberg (1737–1823)
1773	*Götz von Berlichingen mit der eisernen Hand*	Johann Wolfgang Goethe (1749–1832)
1774	*Der Hofmeister oder Vorteile der Privaterziehung*	Jakob Michael Reinhold Lenz (1751–1792)
1775	*Das leidende Weib*	Friedrich Maximilian Klinger (1752–1831)
1776	*Die Zwillinge*	Friedrich Maximilian Klinger
1776	*Julius von Tarent*	Johann Anton Leisewitz (1752–1806)
1776	*Die Soldaten*	Jakob Michael Reinhold Lenz
1776	*Die Kindermörderin*	Heinrich Leopold Wagner (1747–1779)
1777	*Sturm und Drang (urspr.: Wirrwarr)*	Friedrich Maximilian Klinger
1781	*Die Räuber*	Friedrich Schiller (1759–1805)
1783	*Die Verschwörung des Fiesko zu Genua*	Friedrich Schiller
1784	*Kabale und Liebe*	Friedrich Schiller

4 Zum Verständnis der Figuren

Karl von Moor

Schiller bezeichnete sein Stück im Theaterzettel zur Uraufführung als „Gemählde einer verirrten grosen Sele". Moor sei

> *ausgerüstet mit allen Gaben des Fürtrefflichen [...] – zügelloses Feuer und schlechte Kameradschaft verdarben sein Herz, rissen ihn von Laster zu Laster, bis er zuletzt an der Spize einer Mordbrennerbande stand, Gräuel auf Gräuel häufte, von Abgrund zu Abgrund stürzte, in alle Tiefen der Verzweifelung – doch erhaben und ehrwürdig, gros und majestätisch im Unglück, und durch Unglück gebessert, rückgeführt zum Fürtrefflichen. – Einen solchen Mann wird man im Räuber Moor beweinen und hassen, verabscheuen und lieben.* (*Der Verfasser an das Publikum*, ED, S. 149)

So erhaben, wie Schiller seinen Helden beschrieb, erscheint er dem heutigen Leser nicht. Vielmehr wirkt er wie jemand, der vom Schicksal lange begünstigt worden ist, der es demzufolge **nicht** gelernt hat, wirklich **selbstkritisch** mit sich umzugehen, und der entsprechend an der ersten wirklichen Bewährungsprobe seines Charakters scheitert: Sie wirft ihn völlig aus der Bahn. In der Folge zeigt er sich unfähig, sein Scheitern zu korrigieren. Im Gegenteil tötet er am Ende sogar die beiden Menschen, die er am meisten liebt. Diese Entwicklung hat gewiss etwas Tragisches. Ehrwürdig aber ist sie nicht.

Franz, der zu kurz gekommene jüngere Bruder, vermittelt in der ersten Szene, im Zuge seiner Auseinandersetzung mit dem alten Grafen, aus seiner missgünstigen Perspektive eine recht anschauliche Vorstellung von den charakterlichen Anlagen Karls. Über die Einstellung des Vaters zu seinem Lieblingssohn heißt es:

> *Der feurige Geist, der in dem Buben lodert, sagtet Ihr immer, der ihn für jeden Reiz von Größe und Schönheit so empfindlich macht; diese Offenheit, die seine Seele auf dem Auge spiegelt,*

> *diese Weichheit des Gefühls […], dieser männliche Mut […], dieser kindische Ehrgeiz, dieser unüberwindliche Starrsinn und all diese schöne, glänzende Tugenden, die im Vatersöhnchen keimten, werden ihn dereinst zu einem warmen Freund eines Freundes, zu einem trefflichen Bürger, zu einem Helden, zu einem* großen, großen *Manne machen – Seht Ihr's nun, Vater! – der feurige Geist hat sich entwickelt, ausgebreitet, herrliche Früchte hat er getragen.* (S. 14)

Der Sarkasmus von Franz gilt der Tatsache, dass sich Karl in Leipzig, seinem Studienort, in beträchtliche Schwierigkeiten hineinmanövriert hat. Statt großer Heldentaten hat er **selbstherrliche** Streiche vollführt. Nach dem durch Franz gezeichneten Porträt erscheint Karl als ein Junge, dem immer alle Herzen zugeflogen sind (ausgenommen das des in seinem Schatten stehenden Bruders) und der von einem weichen, allzu für sein Kind begeisterten Vater in allem bestärkt worden ist. Modern gesprochen war er offenbar ein Kind, dem niemals Grenzen gesetzt worden sind. Infolgedessen und im Vertrauen darauf, dass es nie jemand übers Herz bringen wird, ihm ernstlich böse zu sein, nimmt er sich viel heraus. In Leipzig führt er ein leichtsinniges Leben und setzt sich über die moralischen Maßstäbe der Bürger hinweg. Die Beleidigten und Geschädigten weisen ihn mit ihren Mitteln in seine Schranken. Er soll begreifen, dass er sich nicht alles erlauben kann. In die Enge geraten, wendet sich Karl brieflich an seinen Vater. Der wird ihm aus seinen Verlegenheiten helfen. Im Übrigen ist Karl weit davon entfernt, aus seinen ersten Zusammenstößen mit der gesellschaftlichen Ordnung persönliche Lehren zu ziehen. Wie es für einen jungen Menschen verständlich ist, darüber hinaus aber auch seiner charakterlichen Anlage entspricht, glaubt er nicht, sein eigenes Verhalten überdenken zu müssen. Vielmehr bestärken ihn seine negativen Erlebnisse in dem **überheblichen** Glauben, in einer Zeit zu leben, die heruntergekommen und krämerhaft ist, in der kleinlich intrigiert wird, Widersacher hinterrücks mit Vorschriften und juristischen Klagen zu Fall gebracht werden und in der es große Menschen, die mit offenem Visier kämpfen wollen, schwer haben.

In dieser Stimmung und mit solchen Anklagen gegen die moderne Gesellschaft wird Karl in der zweiten Szene persönlich in die Handlung eingeführt. Er sitzt in einer *„Schenke an den Grenzen von Sachsen"* (S. 21), also halb schon auf der Flucht vor der staatlichen Obrigkeit, halb in Erwartung des väterlichen Briefes, der alles wieder ins Reine bringen soll, und liest in seinem Lieblingsbuch, den *Parallelbiographien* des griechischen Historikers Plutarch (um 50 bis um 125 n. Chr.), für die sich auch Schiller während seiner Zeit auf der Karlsschule begeisterte: „Mir ekelt vor diesem tintenklecksenden Säkulum, wenn ich in meinem Plutarch lese von großen Menschen." (S. 21) Mit diesen Worten, seinen ersten im Stück, legt Karl das Buch weg, um sich gegenüber Spiegelberg, seinem Kumpan, ausführlich über die Kleinheit und Verächtlichkeit der Welt, in die sie hineingeboren sind, auszulassen. An dieser Stelle meint Rüdiger Safranski übrigens in seinem großartigen Buch über Schiller einen Konstruktionsfehler des Stücks zu erkennen. Karl zeige sich in seinem ersten Monolog in äußerster Erregung, beschimpfe das „Kastratenjahrhundert" und rede wie jemand, der bereits mit allem gebrochen hat, obwohl er doch soeben den Versöhnungsbrief an seinen Vater geschrieben habe und nun darauf warte, als verlorener Sohn vom Vater in milder Liebe wieder aufgenommen zu werden. Das passe nicht recht zusammen. Safranski übersieht hier, dass Karls überhebliche Attacken gegen die Gesellschaft nicht die Folge seiner Enttäuschung über die vermeintliche Verdammung durch seinen Vater sind, sondern *unabhängig davon* auf die **Vorstellung** zurückgehen, **selbst alle Anlagen zu einem großen Menschen zu besitzen.** Zu dieser Haltung trägt auch ein selbstgerechter Zug seines Charakters bei, der sich durch seine ersten Zusammenstöße mit der Gesellschaft, die den Anlass für seinen Brief an den Vater bildeten, allenfalls noch stärker ausgeprägt hat. Dieser Unterschied ist insofern wichtig, als er dazu führt, die eigentlichen Gründe für Karls monströse Laufbahn als Räuberhauptmann viel früher anzusetzen, in seiner Kindheit und in seiner Erziehung. Die Intrige von Franz, der untergeschobene Brief mit der väterlichen Verdammung, ist aus dieser Sicht nur der Anlass für Karls Kurzschlussreaktion. Die Gründe dafür liegen tiefer und früher.

Karls Kardinalfehler ist sein **Stolz,** seine **Unfähigkeit zur Demut.** Er bringt es nicht fertig, um Vergebung zu bitten. Auch ist er offenbar zu sehr geliebt worden, um seinerseits fähig zu sein, wirklich zu lieben. Würde er seinen Vater so sehr lieben, wie dieser ihn liebt, würde er nicht so schnell an ihm zweifeln, sondern, verzweifelt über dessen Verdammung, alles daran setzen, ihn zu versöhnen und seine Vergebung zu erlangen. Aber er unternimmt nicht einmal einen Versuch in dieser Richtung. Als er schließlich entdeckt, dass er einer Intrige seines Bruders zum Opfer gefallen ist, denkt er nicht zuerst an die Leiden des Vaters, sondern bemitleidet sich selbst (S. 108).

Nun kann man einwenden, es sei durchaus normal, dass Eltern ihre Kinder uneigennütziger lieben als diese ihre Eltern. Aber auch Karls Liebe zu Amalia hat merkwürdige dunkle Flecken. Es ist oft als eine Konstruktionsschwäche des Stücks bemängelt worden, dass Karl Amalia lange Zeit scheinbar vollkommen vergessen hat. Erst als Kosinsky auftritt und seine Geschichte erzählt – die davon handelt, wie ihm ein lüsterner Fürst und dessen willfährige Helfer zugleich hinterlistig und gewaltsam seine Braut Amalia genommen haben –, scheint Karl sich wieder an seine eigene Amalia zu erinnern. Auch wenn es tatsächlich überzogen wirkt, dass Karl sich bis dahin gar nicht nach seiner Jugendliebe gesehnt haben soll, so passt dies doch besser zu seinem **egozentrischen Charakter,** als viele Interpreten einräumen wollen.

Karl Moor (Till Weinheimer). „Die Räuber“ in der Inszenierung von K. D. Schmidt am Nationaltheater Mannheim 2003. Foto: Hans Jörg Michel

„Unüberwindlicher Starrsinn“ war nach der Einschätzung von Franz, einem genauen Beobachter, schon als Junge ein Hauptcharakterzug von Karl. Dieser **Starrsinn** hindert Karl, Fehler einzuräumen und andere um Vergebung zu bitten. Ebenso wenig, wie er bereit ist, Franz zu vergeben (vgl. S. 139), ist er bereit, sich von Amalia vergeben zu lassen (vgl. S. 112 und S. 143 f.). Erst als ihm Amalia in der Schlussszene so oft und unerschütterlich von sich aus vergibt, dass er das nicht länger ignorieren kann, kommt es zu einem fieberhaften Moment des scheinbaren Glücks:

> MOOR (aufblühend, in ekstatischer Wonne): *Sie vergibt mir, sie liebt mich! Rein bin ich wie der Äther des Himmels, sie liebt mich. – Weinenden Dank dir, Erbarmer im Himmel.* (Er fällt auf die Knie und weinet heftig.) *Der Friede meiner Seele ist wiedergekommen, die Qual hat ausgetobt, die Hölle ist nicht mehr – [...]* (Aufstehend zu den Räubern.) *So weinet doch auch! weinet, weinet, ihr seid ja so glücklich! – O Amalia! Amalia! Amalia!* (Er hängt an ihrem Mund, sie bleiben in stummer Umarmung.) (S. 145)

Auch wenn Schiller die Stelle wohl nicht auf diese Wirkung hin angelegt hat, so ist doch für den heutigen Leser das künstlich Überhitzte dieses Ausbruchs nicht zu verkennen. Es ist schwer zu entscheiden, ob dieser Moment so zu verstehen ist, dass es Karl hier für einen Augenblick gelingt, aus dem Gefängnis seines Charakters auszubrechen, oder ob er sich einfach in eine neue Pose hineinsteigert: hier die des größten Sünders, der – unverhofft, aber doch auch wieder im Einklang mit seiner Einzigartigkeit – der größten Gnade teilhaftig geworden ist. Übrigens ist auch nicht recht zu verstehen, warum die Räuber mit Karl weinen sollen, weil sie „ja so glücklich" seien. Diese Aufforderung beweist wieder einmal Karls grandiose **Selbstbezogenheit,** die ihn oft blind macht für das, was in den anderen Menschen vorgeht. Die Räuber zeigen auch wenig Neigung, sich rühren und hinreißen zu lassen. Sie holen Karl im Gegenteil aggressiv in die Wirklichkeit zurück. Die Promptheit, mit der Karl diese neuerliche Schicksalswendung akzeptiert, deutet darauf hin, dass auch ihm seine Rolle als Erlöster letztlich doch fremd gewesen ist.

Wie um Franz, seinen feindlichen Bruder, ist es auch um Karl einsam. Das zeigt sich besonders in seinem **Verhältnis zu den Räubern,** an deren Spitze er steht. Nachdem sein Selbstbild als gerechter Räuber zerbrochen ist (vgl. S. 72), wendet er sich innerlich von der Bande ab. Seine letztliche Gleichgültigkeit gegenüber seinen Leuten wie auch sein Stolz lassen ihn gar nicht auf die Idee kommen, diese Wandlung zu verheimlichen. Den Räubern bleibt es nicht verborgen, dass sich Moor nicht mehr mit ihrer gemeinsamen Sache identifiziert und dass er an ihnen nicht mehr interessiert ist. Das zeigt sich in einer Reihe von Situationen. Diejenigen, die ihm näher stehen, versuchen zunächst noch, Verständnis für sein Verhalten aufzubringen (vgl. S. 86 f.). Sie müssen aber erkennen, dass ihr Anführer nur noch mit der Frage beschäftigt ist, ob es nicht vielleicht doch möglich ist, seine Existenz als Räuberhauptmann ungeschehen zu machen und in sein verlorenes Leben zurückzukehren. Er mutet ihnen zu, diesem Ziel als Werkzeug zu dienen und sich sogar durch den Auftrag „geadelt“ und „geheiliget“ zu fühlen, den Mord des Bruders am Vater rächen zu helfen (S. 125). Der exaltierte Ton, in den Moor verfällt, um den Räubern einzureden, dass sie durch eine solche Sühnetat doch noch zum „Arm höherer Majestäten“, also zum Werkzeug göttlicher Vergeltung werden, zeigt, wie wichtig er sich nimmt und welche Welten ihn von den anderen Räubern trennen. Denn wenn sich diese auch in manchen Momenten vom Schwung seiner idealistischen Höhenflüge und von seinem Pathos des edlen Räubers haben hinreißen lassen (vgl. S. 64), so sind ihnen seine inneren Konflikte doch fremd: Im Gegensatz zu ihm morden sie einfach „um des Raubes willen“ (S. 64). Ob sie sich dabei als Werkzeug göttlicher Gerechtigkeit betrachten dürfen, ist für sie relativ gleichgültig. Es reicht ihnen vollkommen, wenn der Hauptmann ihnen sagt, was sie tun sollen. Dass sich die Räuber ganz am Ende des Dramas gegen die Absicht ihres Anführers stellen, sie zu verlassen, beweist, dass Moor seine ehemals uneingeschränkte Autorität innerhalb der Bande eingebüßt hat und dass sich in den Räubern ein Groll gegen ihren Hauptmann aufgestaut hat, der sich so demonstrativ nur noch für seine eigenen Angelegenheiten interessiert. Nun bindet ihn sein wiederholter Schwur, die Räuber niemals zu verlassen (S. 37 und S. 88). Auch dieser Schwur erscheint rückblickend in einem neuen Licht: nicht als rückhaltloses Bekenntnis zu der Bande, sondern als trotziges Beharren auf dem unverdienten Schicksal, vom Vater verstoßen worden zu sein. Auch hier stehen also die persönlichen Motive im Vordergrund. Schon Karls Karriere als Räuberhauptmann hatte ja als Kurzschlusshandlung infolge einer privaten Kränkung begonnen. Folgerichtig endet sie mit dem Versuch, die aufgrund der endlich von ihm durchschauten Intrige seines Bruders aus den Fugen geratene private Welt seiner Familie gewaltsam wieder einzurenken.

Sind demnach alle **edlen Motive,** die ihm die Räuber zusprechen (vgl. S. 64) und die er auch selbst – nach außen hin sogar noch nach dem Eingeständnis seines Scheiterns – für sich in Anspruch nimmt (vgl. S. 72 und S. 76–78), nur Verbrämungen seiner egozentrischen Antriebe? Geht es ihm nur um sich und gar nicht um eine gerechtere Ordnung?

Ja und nein. Bei aller Polemik und Überheblichkeit **erkennt** Karl von Moor mit scharfem Blick **problematische gesellschaftliche Entwicklungen seiner Zeit.** In der Spätphase der absolutistischen Epoche haben die Obrigkeiten viel von ihrer ehemals als gottgegeben akzeptierten Autorität und Legitimität verloren. Gleichwohl beharren sie auf ihrem überkommenen Machtanspruch. Die Konflikte zwischen Machthabern und Machtlosen spitzen sich zu. Nicht von ungefähr steht man am Vorabend der Französischen Revolution. Zudem wird die Lebenswelt des einzelnen Bürgers immer mehr zu einer verwalteten Welt. Die Einschränkung persönlicher Freiheit geht nicht nur wie früher von einer Klasse herrschender Menschen aus, sondern mehr und mehr auch von anonymen Verwaltungsapparaten. Die allmähliche Loslösung vieler Menschen aus traditionellen Bindungen schließlich bietet nicht nur bisher ungekannte Chancen, aus eigener Kraft sein Glück zu machen, sondern bringt auch ein Gefühl der existenziellen Verunsicherung, der Verlassenheit mit sich.

Diese problematischen Züge einer Gesellschaft im Übergang nimmt der intelligente Karl von Moor genau wahr. Bezeichnend für ihn ist aber auch, dass er nur die Missstände wahrnimmt, und nicht die gesellschaftlichen Fortschritte. Für diese ist er blind, weil sie in Richtung einer Demokratisierung der Gesellschaft, einer Einebnung der Rangunterschiede weisen. Eine solche Entwicklung bedroht aber sein persönliches Ziel, ein großer Mensch zu werden. Dass er das Zeug dazu habe, scheint ihm sein Vater schon früh und oft genug zu verstehen gegeben zu haben. Sein **Ideal des großen Menschen** findet er nur in der Vergangenheit. Es ist bezeichnend, dass auch seine Revolte gegen die Gesellschaft eher vormoderne Züge aufweist. Als edler Räuber folgt er dem Vorbild Robin Hoods, den er selbst einmal ausdrücklich erwähnt: und zwar gegenüber Kosinsky, der offenkundig als ein *alter ego* Karls gestaltet ist, und zu einem Zeitpunkt, als er bereits eingesehen hat, dass sein Rachefeldzug mehr unschuldiges Leid verursacht als Gerechtigkeit geschaffen hat:

> *Hat dir dein Hofmeister die Geschichte des Robins in die Hände gespielt, [...] die deine kindische Phantasie erhitzte, und dich mit der tollen Sucht zum großen Mann ansteckte? Kützelt dich nach Namen und Ehre? willst du Unsterblichkeit mit Mordbrennereien erkaufen? Merk dir's, ehrgeiziger Jüngling! Für Mordbrenner grünet kein Lorbeer!* (S. 91)

Diese Ermahnung zeigt Karl von Moor im Stadium der **Desillusionierung.** Sein einstiges Ideal, ein großer Mensch zu sein, das mehr und mehr mit seinem Selbstbild verschmolzen ist, lässt sich nicht mit seinen tatsächlichen Erfahrungen vermitteln. Wunsch und Wirklichkeit fallen auseinander. Daraus erklären sich die heftigen Stimmungsumschwünge Karls. Mal ist er, vom Gefühl der eigenen Grandiosität getragen, groß in Form, wie beispielsweise in dem brillanten Wortgefecht mit dem Pater, dem Abgesandten der Obrigkeit, den er unbeeindruckt und kühn zurechtweist (S. 74–80). In solchen Momenten verfügt er auch über eine unwiderstehliche Autorität gegenüber den Räubern (vgl. S. 79 f.). Dann jedoch ist er wieder verzagt und niedergeschlagen und immer in Gefahr, in Selbstmitleid zu verfallen:

> *Meine Unschuld! Meine Unschuld! [...] – dass alles so glücklich ist, durch den Geist des Friedens alles so verschwistert! – die ganze Welt* eine *Familie und ein Vater dort oben* – Mein *Vater nicht – Ich allein der Verstoßene, ich allein ausgemustert aus den Reihen der Reinen – mir nicht der süße Name Kind – [...] Umlagert von Mördern [...] – mitten in den Blumen der glücklichen Welt*

> *ein heulender Abbadona!* (S. 87; Abbadona ist der Name des gefallenen, reumütigen Engels in Klopstocks *Messias*-Epos.)

In dieser wehmütigen Klage klingen Ideen an, die Schiller am Ende seiner Schulzeit sehr beschäftigt haben: Im Zuge seines Medizinstudiums hatte sich ihm die materialistische Vorstellung aufgedrängt, dass der Mensch bei genauerer Betrachtung kaum mehr sei als eine Maschine, dass der menschliche Geist nicht frei sei, sondern lediglich ein Effekt biologischer Prozesse. Weil ihm diese Vorstellung unerträglich war, suchte er nach einem die Maschine des menschlichen Körpers beseelenden Prinzip. Er fand es in der **Liebe.** Gewissermaßen **als „Abwehrzauber gegen den nihilistischen Materialismus"** (Safranksi, S. 84) entwarf er eine ganze Philosophie der Liebe, deren Leitvorstellung „die große Kette der empfindenden Wesen" wurde, von der schon in seiner ersten medizinischen Dissertation mehrfach die Rede ist. Die Vorstellung von der großen Kette garantierte die Verbundenheit des Menschen mit dem gesamten empfindenden Rest der ihn umgebenden Welt in gegenseitiger Liebe; mit den Worten Karls: „die ganze Welt *eine* Familie", „alles so glücklich", „durch den Geist des Friedens alles so verschwistert".

Wer sich, wie Karl, aus diesem Zusammenhang gerissen glaubt, dem gähnt das schwarze Loch des Nihilismus entgegen. Das Leben wird ihm sinnlos. Er möchte nicht länger leben: „Es ist alles so finster – verworrene Labyrinthe – kein Ausgang – kein leitendes Gestirn – Wenn's *aus* wäre mit diesem letzten Odemzug – *Aus* wie ein schales Marionettenspiel" (S. 118). Der Nihilismus macht, dass sich auch das noch nicht beendete Leben leblos anfühlt. Die menschliche Existenz gleicht einem Marionettenspiel. Die Marionette ist eine unbeseelte Gliederpuppe, die von außen gelenkt wird. Wer sich als Marionette fühlt, möchte am liebsten erst gar nicht gelebt haben: „Dass ich wiederkehren dürfte in meiner Mutter Leib!", wünscht sich Karl in seiner Niedergeschlagenheit (S. 87). Dort war die Geborgenheit, die hier nirgends ist.

Die heftigen Auf- und Abschwünge von Karls Stimmungen, sein Schwanken zwischen Grandiosität und regressiver Depression weisen ihn, modern gesprochen, als einen Menschen mit einer **narzisstischen Persönlichkeitsstörung** aus. Jeder Mensch glaubt unwillkürlich, das Zentrum des Universums zu sein. Diese intuitive Empfindung wird jedoch bei den meisten Menschen durch die realistische Erkenntnis relativiert, dass man, objektiv betrachtet, so wichtig nicht ist. Die Fixiertheit von narzisstischen Menschen auf sich selbst steht einer solchen Einsicht entgegen. Deshalb überschätzen sie sich in ihren „guten" Momenten, und deshalb sind sie andererseits auch immer in Gefahr, sich überfordert zu fühlen und tief abzustürzen: denn natürlich ist es nicht so einfach, ständig die ganze Welt zu schultern.

Diese innere Unausgeglichenheit, die jähen Euphorien und ebenso jähen Abstürze, die Überschätzung der eigenen Möglichkeiten, letztlich auch die Unfähigkeit, andere Menschen in selbstloser Weise zu lieben, kommen in der **Schlussszene** der *Räuber* konzentriert zum Ausdruck: Zuerst klärt Karl seinen Vater und Amalia über seine wirkliche Existenz auf, wobei neben seiner tiefen Verzweiflung sicher auch der unbewusste Wunsch eine Rolle spielt, sie zumindest durch das nicht für möglich gehaltene Ausmaß seiner Verworfenheit zu beeindrucken, wenn ihm das schon nicht durch positive Leistungen möglich ist. Dass sie diese Aufklärung vielleicht nicht überleben werden, nimmt er ausdrücklich in Kauf (an der Heftigkeit ihres Schocks misst sich ja gewissermaßen das Ausmaß seiner Verbrechen und damit seine negative Größe): „So vergeh dann, Amalia! – Stirb Vater! Stirb durch mich zum dritten Mal! – Diese deine Retter sind Mörder und Räuber! Dein Karl ist ihr Hauptmann!" (S. 144)

Tatsächlich ist die Wirkung dieser Mitteilung groß: *„Der alte Moor gibt seinen Geist auf. Amalia steht stumm und starr wie eine*

Bildsäule.“ (S. 144) Jedoch fängt sich Amalia wieder und ist bereit, auch dem Mörder Moor zu folgen. Als die Bande das verhindert, fordert Amalia für sich den Tod. Zuerst weigert sich Karl, dann tötet er sie schließlich doch: „Halt! Wag es – Moors Geliebte soll nur durch Moor sterben! *(Er ermordet sie.)*“ (S. 147) Auch hier leitet ihn sein Anspruch auf Größe. Er hat mit der entsetzlichsten Tat das denkbar größte Opfer gebracht: „Ich hab euch einen Engel geschlachtet.“ (S. 147) Mit diesen Worten erklärt er den Räubern die Bedeutung seiner Tat. Dabei geht es nur darum, was die Tat *für ihn* bedeutet. Das *eigentliche* Opfer, Amalia, betrauert er nicht.

Bevor Moor, der sich um einen so hohen Preis von den Räubern losgekauft hat, die Bande verlässt, hält er noch eine Ansprache, die ungut zwischen Zerknirschung und Ehrfurcht vor der eigenen Größe schillert: „da steh ich am Rand eines entsetzlichen Lebens, und erfahre nun mit Zähnklappern und Heulen, dass *zwei Menschen wie ich den ganzen Bau der sittlichen Welt zugrund richten würden.*“ Er beschließt, sich der von ihm „misshandelte[n] Ordnung“ selbst zum **„Opfer“** zu bringen – und zwar als Opfer, „das ihre unverletzbare Majestät vor der ganzen Menschheit entfaltet“ (ein kleineres Publikum genügt ihm nicht) –, indem er sich „selbst in die Hände der Justiz“ überliefert (S. 148). Mit gesundem Instinkt kommentieren die Räuber, die ihn erst von seinem Vorhaben abhalten wollten, diese Ankündigung und lassen ihn gehen: „Es ist die Großmannsucht. Er will sein Leben an eitle Bewunderung setzen.“ (S. 149) Moor nimmt ihren Kommentar sogar bestätigend auf: „Man könnte mich darum bewundern.“ Wie die Räuber es gemeint haben, interessiert ihn nicht. Unbeirrbar folgt er seinem Impuls, Größe zu zeigen, selbst wenn das Publikum seiner Taten darin nur Eitelkeit erkennt. Er will sich einem in der Nähe wohnenden Tagelöhner mit elf Kindern ausliefern, damit dieser in den Genuss der auf seine Ergreifung ausgesetzten hohen Belohnung kommt. Mit dieser

Handlung rettet er die Existenz einer Familie, nachdem sein Bruder und er die eigene Familie ausgelöscht haben.

Ob Karl am Ende tatsächlich zu der Überzeugung gelangt ist, dass die Gesetze und Autoritäten, gegen die er einen blutigen Feldzug geführt hat, im Recht sind, ist nicht leicht zu erkennen. In der Konsequenz seines starrsinnigen und stolzen Charakters liegt eine solche Wendung nicht. Auch ist das Unrecht, das er bekämpft hat (vgl. S. 64 und S. 77), ja auch für den neutralen Außenstehenden, den Zuschauer oder Leser, als Unrecht deutlich erkennbar. Man wird den Schluss des Stücks wohl so zu deuten haben, dass es Karl hier vor allem darum geht, seine Freiheit, seine Handlungsfähigkeit zurückzugewinnen. Seit er sich zum Anführer der Räuberbande hat machen lassen, ist er ein Getriebener. Von der Obrigkeit gejagt, treibt ihn jede neue Tat nur tiefer in die Fänge eines Schicksals, das er eigentlich nicht gesucht hat und das ihm den Weg zurück zu seiner Familie immer auswegloser verstellt. In einer seltsamen Dialektik gelingt es ihm nur dadurch, diese abschüssige Bahn zu verlassen, dass er sich selbst den Behörden stellt. Er behauptet seine **innere Freiheit,** indem er seine äußere Freiheit preisgibt. Er selbst betont, wie sehr es ihm dabei auf die Selbstbestimmtheit seiner Handlung ankommt. Die Justiz, sagt er, könnte ihn „im Schlaf überrumpeln, oder auf der Flucht ereilen, oder mit Zwang und Schwert umarmen, und dann wäre mir auch das einige Verdienst entwischt, dass ich mit Willen für sie gestorben bin." (S. 149)

Franz von Moor

Hinter dem Hass von Franz auf seinen Bruder Karl, der das dramatische Geschehen des Stücks erst in Gang bringt, steht der **gesellschaftliche Konflikt** zwischen der Ordnung des *ancien régime* (der alten Mächte) und dem aufstrebenden Bürgertum, das seine Ansprüche auf Teilhabe an der Macht auf persönliche Fähigkeiten stützt (vgl. *Interpretationshilfe,* S. 73 f.). Mit welchem Recht, fragt sich Franz, wird der Erstgeborene vom Schicksal so begünstigt? Warum darf er dereinst das Erbe und damit die Herrschaft antreten? Lediglich deshalb, weil er etwas früher aus dem „Mutterleib gekrochen" ist? (S. 19) Diese Ungerechtigkeit, diese Beliebigkeit möchte Franz nicht hinnehmen. Also beschließt er, „mutig ans Werk" zu gehen: „Ich will alles um mich her ausrotten, was mich einschränkt, dass ich nicht *Herr* bin. *Herr* muss ich sein, dass ich das mit Gewalt ertrotze, wozu mir die Liebenswürdigkeit gebricht." (S. 21)

Das ist das zweite Problem von Franz: Er ist **nicht liebenswürdig.** Illusionslos spricht er von der „Bürde von Hässlichkeit" (S. 19), die ihm die Natur zusätzlich aufgeladen hat. Er ist Karl gegenüber doppelt im Nachteil. Dieser hat die Macht, die ihm einst zufallen wird, eigentlich gar nicht nötig, weil ihm seine Liebenswürdigkeit ohnehin alle Tore öffnet und alle Herzen zufliegen lässt. Nur für Franz ist die Macht bitter notwendig, als Mittel, sich das zu erzwingen, was ihm sonst unter allen Umständen vorenthalten bliebe: die Achtung der Menschen und die körperliche Lust.

Der alte Moor (Fried Gärtner) und Franz von Moor (Oliver Severin). „Die Räuber" in der Inszenierung von Jutta Wachsmann am Alten Schauspielhaus Stuttgart 1996. Foto: Sabine Haymann

Um an die Macht zu kommen, muss Franz zunächst den Bruder als Erben ausschalten und dann, weil der Vater nicht sterben will, auch diesen beiseite schaffen. Das sind schwere Verbrechen, die das Gewissen hart belasten. Um trotzdem handeln zu können, muss Franz also auch sein Gewissen loswerden. Er muss, in einer Art von pervertierter Aufklärung, **alle sittlichen Normen,** denen zufolge ein Mord und insbesondere der Vatermord und der Brudermord besonders abscheuliche und naturwidrige Verbrechen sind, **als kindische Vorurteile entlarven.** Dabei hilft es, einmal genau zu untersuchen, was es denn überhaupt mit den viel beschworenen Blutsbanden bei nüchterner Betrachtung auf sich hat. Im Grunde nicht viel, stellt Franz in seinem ersten Monolog fest (S. 18–21): „Ich habe Langes und Breites von einer sogenannten *Blutliebe* schwatzen gehört, das einem ordentlichen Hausmann den Kopf heiß machen könnte." Nicht aber einem kühlen und aufgeklärten Kopf wie Franz: „Das ist dein Bruder! – das ist verdolmetscht: Er ist aus ebendem Ofen geschossen worden, aus dem du geschossen bist – also sei er dir heilig!" (S. 20) Diesen sentimentalen Unsinn lehnt Franz ab.

Nun zum Vater; auch ihm gegenüber gibt es keine Veranlassung zu Sentimentalität, zu Dankbarkeit oder gar zu Ehrfurcht:

> *Er hat dir das Leben gegeben, du bist sein Fleisch, sein Blut – also sei er dir heilig. Wiederum eine schlaue Konsequenz! Ich möchte doch fragen,* warum *hat er mich gemacht? doch wohl nicht gar aus Liebe zu mir, der erst ein* Ich *werden sollte? Hat er mich gekannt, ehe er mich machte? Oder hat er mich gedacht, wie er mich machte? Oder hat er* mich *gewünscht, da er mich machte? [...] Kann ich eine Liebe erkennen, die sich nicht auf Achtung gegen mein* Selbst *gründet? Konnte Achtung gegen mein Selbst vorhanden sein [...]? Wo stickt dann nun das Heilige? Etwa im Aktus selber, durch den ich entstund? – Als wenn dieser etwas mehr wäre als viehischer Prozess zur Stillung viehischer Begierden!* (S. 20 f.)

Konsequent treibt Franz den menschlichen Verhältnissen den Geist aus und reduziert sie auf letztlich bedeutungslose Naturvorgänge. In seinem **radikalen Materialismus** formuliert er eben die Positionen, die sich Schiller während seiner Ausbildung zum Mediziner aufdrängten und die dieser als existenzielle Bedrohung begriff, als Versuchung, dem Nihilismus anheim zu fallen. Schiller setzte diesen Abgründen seine Liebesphilosophie entgegen, die Franz vermutlich höhnisch kommentiert hätte. Seine intellektuellen Bemühungen zielen nicht wie die Schillers darauf ab, dem Menschen seine Würde zurückzugeben, sondern ganz im Gegenteil, seine absolute Wertlosigkeit nachzuweisen. In seinem Monolog in IV, 2, als er beschlossen hat, auch den Bruder ermorden zu lassen, aber doch unwillkürlich davor zurückschreckt, härtet er sich mit folgenden Worten gegen alle Skrupel:

> *Ist die Geburt des Menschen das Werk einer viehischen Anwandlung, eines Ungefährs, wer sollte wegen der* Verneinung seiner Geburt *sich einkommen lassen, an ein bedeutendes Etwas zu denken? [. . .] Es war etwas und wird nichts – Heißt es nicht ebenso viel als: es war nichts und wird nichts und um nichts wird kein Wort mehr gewechselt – der Mensch entstehet aus Morast, [. . .] und gärt wieder zusammen in Morast, bis er zuletzt an den Schuhsohlen seines Urenkels unflätig anklebt. Das ist das Ende vom Lied – der morastige Zirkel der menschlichen Bestimmung, und somit – glückliche Reise, Herr Bruder! Der milzsüchtige, podagrische Moralist von einem Gewissen mag runzligte Weiber aus Bordellen jagen, und alte Wucherer auf dem Todesbett foltern – bei mir wird er nimmermehr Audienz bekommen!* (S. 103 f.)

So konsequent Franz argumentiert – seine Position wird von Anfang an dadurch relativiert, dass die Motive, die ihn zu einer solchen zynischen Sichtweise antreiben, offen zutage liegen. In der Tradition der Psychologie der Aufklärung – einer Psychologie der Entlarvung – lässt Schiller durchblicken, dass der zur Schau getragene **Nihilismus** von Franz im **Ressentiment des zu kurz Gekommenen** gründet. Aber Franz bleibt ja eben nicht beim Ressentiment stehen, er begnügt sich ja nicht damit, sich über seine Benachteiligung zu beklagen und Drohungen in Richtung des Begünstigten zu schleudern. Er hat nicht nur Mordabsichten, sondern er führt sie auch ohne zu zögern aus. Schiller selbst hat darauf hingewiesen, dass gerade diese Bedenkenlosigkeit besonders schrecklich und vielleicht auch unnatürlich wirkt:

> *Es sind nicht sowohl gerade die Werke, die uns an diesem grundbösen Menschen empören – es ist auch nicht die abscheuliche Philosophie – es ist vielmehr die Leichtigkeit, womit ihn diese zu jenen bestimmt. [...] tausend Mordtaten zu geloben, tausend Menschen in Gedanken zu vernichten ist leicht, aber es ist eine herkulische Arbeit, einen einzigen Totschlag wirklich zu begehen.* (*Selbstrezension*, ED, S. 160 f.)

Warum ist Töten so schwer? Weil sich das **Gewissen** eben doch nicht so leicht abschütteln lässt, wie Franz es gerne sähe. Eine Ahnung davon überkommt ihn bereits im oben zitierten Monolog anlässlich des Mordanschlags gegen seinen Bruder:

> *Verflucht sei die Torheit unserer Ammen und Wärterinnen, die unsere Phantasie mit schröcklichen Märchen verderben, und grässliche Bilder von Strafgerichten in unser weiches Gehirnmark drücken, dass unwillkürliche Schauder die Glieder des Mannes noch in frostige Angst rütteln, unsere kühnste Entschlossenheit sperren, unsere erwachende Vernunft an Ketten abergläubischer Finsternis legen* – Mord! *wie eine ganze Hölle von Furien um das Wort flattert [...].* (S. 103 f.)

Ob gut oder schlecht, rettend oder hinderlich – die frühen Prägungen, die Ammenmärchen von einer höheren Gerechtigkeit, von der unausweichlichen Vergeltung sitzen tief. Am Anfang des fünften Aktes ist Franz in einem Zustand, der seine gesamte zynische Philosophie Lügen straft, auch wenn er im Disput mit dem Pastor Moser noch trotzig daran festhalt. Wie Lady Macbeth in Shakespeares berühmter Tragödie, die nach dem Königsmord, der ihrem Mann den Weg auf den Thron geebnet hat, nachts schlaflos durch ihr Schloss irrt – die Szene in den *Räu-*

bern ist der in *Macbeth* unverkennbar nachgestaltet –, hält Franz es nicht mehr in seinem Schlafzimmer aus. Ihn haben im Traum eben jene „grässliche[n] Bilder von Strafgerichten" gequält, die er zuvor schon gefürchtet hat. Dass er sie als Folge abergläubischer Ammenmärchen abtun möchte, hilft ihm wenig. Seine **Angst** verringert sich dadurch nicht. Auch sein hyperaufgeklärter Materialismus hilft ihm nicht. Fast beschwörend wendet er sich an den alten Diener Daniel: „Träume bedeuten nichts – nicht wahr, Daniel? Träume kommen ja aus dem Bauch" (S. 129). Nachdem er Daniel seinen Traum erzählt hat, ermahnt dieser ihn jedoch schaudernd: „Träume kommen von Gott." (S. 131)

Die **Heftigkeit, mit der Franz im letzten Akt körperlich zusammenbricht,** auch wenn er sich geistig dagegen stemmt – noch ganz zuletzt, kurz vor seinem Selbstmord, sagt er: „Nein ich will auch nicht beten – diesen Sieg soll der Himmel nicht haben" (S. 138) –, ist von den Interpreten des Stücks oft als unglaubwürdig bezeichnet worden, als eine Notlösung, die dem Zweck diene, am Ende ein moralisches Exempel zu statuieren und alle Zweifel daran auszuräumen, ob die Philosophie, die Franz sich zurechtgemacht hat, nicht doch eine gewisse Berechtigung habe. Es zeigt sich aber, dass Schiller die Figur des Franz sehr schlüssig angelegt hat. Gerade durch die Gewaltsamkeit, mit der sich Franz auf seine nihilistische Weltanschauung festlegt, baut sich in ihm ein innerer Druck auf, der sich irgendwann mit besonderer Heftigkeit Bahn brechen muss. Franz hat wesentliche Anteile seiner Persönlichkeit – aus seiner Sicht: die überlieferten Vorurteile von Moral und Sittlichkeit, von Gut und Böse – so lange unterdrückt, dass sie nun mit Macht an die Oberfläche kommen. Diesen **psychischen Vorgang der Wiederkehr des Verdrängten** hat Schiller, in der psychologischen Begrifflichkeit seiner Epoche, sehr genau erfasst und bewusst mit der Figur des Franz verknüpft, wie Wolfgang Riedel gezeigt hat. Schiller hat in seiner im Herbst 1780 entstandenen dritten Dissertationsschrift

Versuch über den Zusammenhang der thierischen Natur des Menschen mit seiner geistigen über solche Wechselwirkungen zwischen Leib und Seele, zwischen Physiologie und Psychologie nachgedacht und hierbei auch die Stelle aus seinem unveröffentlichten Drama herangezogen, in der der verstörte Franz seinem Diener Daniel gesteht, wie schlecht er sich aufgrund seines schrecklichen Traumes fühlt. (Als Quelle gab er an: „Life of Moor. Tragedy by Krake. Act. V. Sc 1".) Schiller kommentiert die Stelle folgendermaßen: „Der von Freveln schwer gedrückte Moor, der sonst spitzfindig genug war, die Empfindungen der Menschlichkeit durch Skelettisierung der Begriffe in nichts aufzulösen, springt eben itzt bleich, atemlos, den kalten Schweiß auf seiner Stirne, aus einem schrecklichen Traum auf. [...]." Dann folgt ein Zitat aus der Szene, das mit der Behauptung von Franz schließt, Träume bedeuteten nichts (vgl. S. 128, Z. 20, bis S. 129, Z. 7). Schiller fährt fort: „Hier bringt das plötzlich auffahrende Integralbild des Traums das ganze System der dunkeln Ideen in Bewegung und rüttelt gleichsam den ganzen Grund des Denkorgans auf." (Nach: WR, S. 211 f.)

Die „dunkeln Ideen" gehen auf die **Theorie der „dunklen Vorstellungen"** zurück, die **Johann Georg Sulzer** Mitte des 18. Jahrhunderts in einer Reihe von psychologischen Abhandlungen entwickelt hatte. Die Schriften von Sulzer spielten im Philosophieunterricht von Schillers wichtigstem Lehrer an der Karlsschule, Jakob Friedrich Abel, eine Schlüsselrolle. Schillers enger Freund Friedrich Wilhelm von Hoven stützte sich in seiner medizinischen Abschlussarbeit *Versuch über die Wichtigkeit der dunkeln Vorstellungen in der Theorie der Empfindungen* hauptsächlich auf Sulzers Lehren. Dessen Theorie der dunklen Vorstellungen nimmt zentrale Elemente der Tiefenpsychologie Freudscher Prägung vorweg. Sulzer beschrieb seelische Konflikte als Konflikte zwischen Bewusstem und Unbewusstem, indem er feststellte, dass „man zu gleicher Zeit zwo einander zuwiderlaufende Vorstellungen haben kann, davon die eine klar und die andere dunkel ist" (nach: WR, S. 218). Die dunklen Vorstellungen würden sich letztlich gegenüber den klaren Vorstellungen immer durchsetzen, weil sie unmittelbar auf die Empfindung wirkten, während die klaren Vorstellungen nur den Verstand lenkten. Der Mensch ist damit – als Vernunftwesen – unfrei. Er ist, wie Freud es formuliert hat, nicht Herr im eignen Haus.

Sulzers Lehre hat Friedrich Wilhelm von Hoven in seiner Arbeit folgendermaßen zusammengefasst:

> *Dunkle Vorstellungen [...] entziehen sich der Gewalt der Vernunft, die ohnehin im Zustande der Empfindung schläft, und führen sie, hintergangen durch ihre Dunkelheit, im Triumphe dahin. – So ist ihnen bey jeder Gelegenheit der Sieg über dieselbe gewiß. [...] Denn es sind größtentheils Vorstellungen, die wir in unserer frühesten Kindheit schon mit der Muttermilch einsogen, da unsere schlafende, noch unentwickelte Vernunft ihrem reissenden Strom noch keinen Einhalt zu thun vermochte, und die die Länge der Zeit in eine solche nächtliche Dunkelheit eingeschleyert hat, daß sie das hereinbrechende Licht des Verstandes nun nimmer oder höchst selten zerstreuen oder überwältigen kann, und daß sie auch der Weisheit des fünfzigjährigen Mannes, ihres Sieges gewiß, Trotz bieten kann. Darum haben die Märchen und Schrekbilder, welche unsere Ammen und Wärterinnen in unser weiches Gehirn gedrükt haben, jene überschwängliche Macht über unser Herz, daß sie uns noch in dem spätesten Alter beben machen [...]. Daher also die überwältigende Macht der Vorurtheile unserer Jugendjahre.* (nach: WR, S. 219)

Unverkennbar ist hier beschrieben, was Franz von Moor in Schillers Stück widerfährt. Schiller hat den Hinweis auf die Rolle der Ammen sogar fast wörtlich in den Monolog von Franz in IV, 2 übernommen (vgl. oben bzw. S. 103 f.). Den **frühen Prägungen** entkommt niemand. Man kann sich eine noch so zynische

Philosophie zurechtzimmern, man kann sich noch so kaltblütig geben, die Ammenmärchen holen einen doch wieder ein. Fast schicksalhaft wird Franz von eben den Affekten gejagt und gerichtet, die er gezielt auf den Plan gerufen hat, um den perfekten (nicht beweisbaren) Mord an seinem Vater verüben zu können: vom Schrecken, von der Reue, von der Verzweiflung (vgl. II, 1, S. 44). Der überhebliche Glauben, nicht nur fremde Affekte, sondern auch die eigenen steuern und unter Kontrolle halten zu können, erweist sich als haltlos. Schiller bringt den **negativen Helden des Stücks** mit den Mitteln der zu jener Zeit modernsten psychologisch-physiologischen Theorien konsequent zu Fall und widerlegt damit auch dessen gefährliche Weltanschauung.

Übrig bleibt noch, das **Verhältnis von Franz zu Amalia** knapp zu charakterisieren: Franz unternimmt mehrere Anläufe, Amalia für sich zu gewinnen. Ob er sie wirklich liebt, oder ob es ihm vor allem darum geht, auch hier den Platz des älteren Bruders einzunehmen, wird nicht recht deutlich. Die Einseitigkeit, mit der er sein Ziel auf dem Wege verfolgt, Karl vor Amalia entweder schlecht zu machen oder sie davon überzeugen zu wollen, es wäre Karls Wunsch gewesen, dass sich Franz ihrer annehme und dass sie ihrerseits ihre Neigung von dem älteren auf den jüngeren Bruder übertrage, vermittelt den Eindruck, dass das zweite Motiv das wichtigere ist. Franz ist zu sehr auf seine Rivalität mit Karl fixiert, als dass daneben eine sich unabhängig entwickelnde Liebe zu Amalia Platz hätte. Auch ist er wohl Realist genug, um einzusehen, dass er nicht in der Lage ist, wirklich Amalias Liebe zu gewinnen. Die letztlich von vornherein absehbare Aussichtslosigkeit seiner Werbungen führt zunächst dazu, dass die Dinge zwischen Franz und Amalia im Verlauf der Szenen I, 3, II, 2 und III, 1 immer weiter eskalieren, bis Franz einen halbherzigen Versuch unternimmt, sich Amalias mit Gewalt zu bemächtigen, woraufhin sie ihn mit seinem eigenen Degen bedroht. Damit ist die Auseinandersetzung zwischen ihnen auf dem Höhepunkt angelangt. Zwar hat er ihr zuletzt noch gedroht, sie – wenn sie sich weigere, seine Frau zu werden – zu zwingen, seine Geliebte zu werden (S. 83). Aber nachdem sie ihn mit der Waffe davongejagt hat, scheint er sich nicht mehr recht an sie heranzutrauen. Jedenfalls kommt es im weiteren Verlauf des Dramas zu keiner direkten Begegnung der beiden mehr, und auch von den angedrohten Konsequenzen, die Amalias Widersetzlichkeit nach sich ziehen sollte, ist nicht mehr die Rede. Das mag auch damit zusammenhängen, dass nun bald Karl – in Gestalt des fremden Grafen – auftritt und sogleich die Aufmerksamkeit sowohl von Amalia wie auch von Franz vollkommen in Anspruch nimmt.

Amalia von Edelreich

Mit der Figur der Amalia ist Schiller in seiner *Selbstrezension* – die er zunächst unter einem fremden Kürzel veröffentlichte – hart ins Gericht gegangen: Sie handle „im ganzen Stück durchaus zu wenig, ihr Roman bleibt durch die ersten drei Akte immer auf eben derselben Stelle stehen [...]. Sie kann sehr artig über ihren Ritter weinen, um den man sie geprellt hat, sie kann auch den Betrüger aus vollem Halse heruntermachen, der ihn weggebissen hat, und doch auf ihrer Seite kein angelegter Plan, den Herzeinzigen entweder zu *haben,* oder zu *vergessen,* oder durch einen andern zu *ersetzen;* ich habe mehr als die Hälfte des Stücks gelesen und weiß nicht, was das Mädchen will, oder was der Dichter mit dem Mädchen gewollt hat, ahnde auch nicht, was etwa mit ihr geschehen könnte, kein zukünftiges Schicksal ist angekündigt oder vorbereitet, und zudem läßt ihr Geliebter bis zur letzten Zeile des – dritten Aktes kein halbes Wörtchen von ihr fallen. Dieses ist schlechterdings die *tödliche Seite des ganzen Stücks"*, das aber dann, wie Schiller rasch anfügt, ab dem vierten Akt wieder einen starken Aufschwung nehme (ED, S. 163).

Erkennbar hat sich Schiller hier, mit einigem Vergnügen am Maskenspiel, ein wenig von der Rolle des ungnädigen, rasch gelangweilten Rezensenten hinreißen lassen. Dennoch sind seine Kritikpunkte ernst zu nehmen. Die Schillerforschung hat sie so ernst genommen, dass Amalia lange Zeit als schwache Erfindung und letztlich verfehlte Dramenfigur galt. Tatsächlich bleibt sie neben den beiden feindlichen Brüdern **blass.** Aber sie hat zumindest auch ihre gelungenen Seiten.

Angesichts der ausgeprägten Willensschwäche des alten Grafen Moor ist Amalia von Edelreich, die als Nichte des Grafen aus nicht weiter erläuterten Gründen (man weiß auch nicht, wie lange schon) zum gräflichen Hausstand gehört, die einzige Widersacherin von Franz. Sie ist in gewisser Weise die Stellvertreterin des abwesenden Karl, die dem Machtwillen des bösen Menschen einigen Widerstand entgegensetzt, auch wenn ihre Möglichkeiten als Frau und als im Schloss aufgenommene Verwandte doch sehr begrenzt sind. Immerhin kommt ihr so eine wichtige **dramaturgische Funktion** zu.

Ihr Entschluss, dem fernen Geliebten **unverbrüchliche Treue** zu halten, engt natürlich ihren Handlungsspielraum weiter ein, wenigstens solange, bis Karl zurückkehrt. Ihr fehlt die Möglichkeit, ein Ziel zu verfolgen oder sich weiterzuentwickeln. Sie duldet und wartet, was kein sehr dramatisch wirkungsvoller Zustand ist. Dieses Manko wird teilweise dadurch wettgemacht, dass sie in den Auseinandersetzungen mit Franz zu wiederholten Malen **innerlich ins Schwanken** gerät. So kommt Bewegung in die Szenen und Lebhaftigkeit in die Figur, auch wenn es ihr versagt ist, eine grundsätzliche Wandlung durchzumachen. Das innere Schwanken Amalias erklärt sich durch ihre **Einsamkeit.** Auch sie ist, wie alle wichtigen Figuren des Stücks, allein. Der alte Graf liebt sie sehr, aber er ist ihr nicht einmal eine moralische Stütze: Seiner Schwäche hat sie es zu verdanken, dass Karls Rückkehr zu ihr grundsätzlich fraglich geworden ist. Sie gibt im Gespräch mit Franz auch zu erkennen, wie sehr sie dem Grafen sein Verhalten zum Vorwurf macht (S. 37). Im direkten Umgang mit dem Grafen setzt sich dann jedoch ihre Ehrerbietung vor dem alten Mann und dem Onkel durch: „Wie schön, wie ehrwürdig! [...] Weißlockigtes Haupt, dir kann ich nicht zürnen!“ (S. 48) Da der alte Graf kein echter Gesprächspartner ist, ist Amalia bereits vor dem scheinbaren Tod des Grafen ganz auf sich allein gestellt. Die Versuchung ist da groß, Vertrauen zu schenken, auch wenn sie im Grunde weiß, dass sie dadurch Gefahr läuft, hintergangen zu werden. So ist sie mehrmals versucht, den Täuschungen von Franz zu glauben, solange diese sie in ihrer Liebe zu Karl und vor allem in ihrer Hoffnung bestärken, auch von Karl unverändert geliebt zu werden (vgl. S. 40 f., S. 52–54 und S. 56).

Um sich in ihrer Liebe zu **Karl** zu befestigen, verklärt sie ihn zu einem **Idealbild,** was möglicherweise dazu beiträgt, dass sie ihn, als er tatsächlich zurückkehrt, nicht mehr erkennt. (Karl hingegen erkennt seinen seit drei Monaten im Verlies darbenden Vater sogar an der Stimme, vgl. S. 121; das ist eine der oft bemerkten Unstimmigkeiten des Stücks.) Trotz dieser Idealisierung Karls ist sie jedoch in der Lage, den Schock darüber zu verkraften, dass Karl weniger vollkommen ist, als sie ihn sich zurechtgemacht hat, dass am Ende kein Engel, sondern ein Verbrecher vor ihr steht. In der Schlussszene zeigt sich, dass ihre **Liebe zu ihm stärker** ist als ihre Fixierung auf sein Idealbild. In ihrer Fähigkeit, sich von solchen Fixierungen zu lösen, erweist sie sich als stärker als Karl, der bis zum Ende von seinem eigenen Selbstbild nicht loskommt. Die ganze **Beschränktheit ihres Aktionsradius als weibliche Figur** zeigt sich, als sie am Ende von Karl im Stich gelassen wird, auf den sie so lange gewartet hat und zu dem sie auch jetzt noch steht. Weil sie neben der Liebe zu Karl keine weitere Handlungsoption verfolgt hat, fehlt ihr nun jede Perspektive. Folglich sucht sie den Tod. Weil es aber für eine Frau nicht schicklich ist, sich selbst zu töten, muss sie einen Mann darum bitten. Als Karl sich weigert, provoziert sie ihn, indem sie ihn beleidigt und indem sie sich an die Räuber wendet beziehungsweise, wie es im Stück drastisch heißt, zu ihnen hinüberkriecht. Die Provokation hat Erfolg: Karl *„ermordet sie"* (S. 146 f.).

Ähnlich wie Lessings Emilia Galotti ihren Vater bringt auch Schillers Amalia ihren Geliebten dazu, sie umzubringen, indem sie gezielt sein Bewusstsein männlicher Ehre reizt. Beide Mädchen können nur auf diesem Wege ihre seelische und auch körperliche Unversehrtheit bewahren (vgl. S. 146 oben: *„Opfer um Opfer! Amalia für die Bande!"*). Sie reihen sich damit in eine lange Kette von weiblichen Dramenheldinnen ein, deren **moralischer Sieg,** deren Apotheose (Vergöttlichung) in ihrem **Tod** besteht. Es ist ein problematischer Sieg. Er zeugt von gesellschaftlichen Verhältnissen, in denen Frauen der freie Wille und die freie Verfügbarkeit über ihren eigenen Körper abgesprochen wird. Er zeugt daneben auch von verborgenen und zugleich offenbar verbreiteten Wünschen männlicher Autoren (vgl. dazu die Studie *Nur über ihre Leiche* der Literaturwissenschaftlerin Elisabeth Bronfen, München 1994/1996 bzw. Würzburg 2004).

Der alte Graf von Moor

Den Grafen nennt Schiller im Theaterzettel zur Uraufführung einen „allzu schwache[n] nachgebende[n] Vater, Verzärtler" und damit „Stifter vom Verderben und Elend seiner Kinder" (*Der Verfasser an das Publikum*, ED, S. 149 f.). Und als Rezensent seines eigenen Stücks zeigt er sich auch mit dieser Figur unzufrieden:

> *Er soll zärtlich und schwach sein, und ist klagend und kindisch. Man sieht es schon daraus, daß er die Erfindungen Franzens, die an sich plump und vermessen genug sind, gar zu einfältig glaubt. Ein solcher Charakter kam freilich dem Dichter zu statten, um Franzen zum Zweck kommen zu lassen, aber warum gab er nicht lieber dem Vater mehr Witz, um die Intrigen des Sohnes zu verfeinern? [...] So mischt sich in die Bedauernis über den Vater ein gewisses verachtendes Achselzucken, das sein Interesse um vieles schwächt.* (*Selbstrezension*, ED, S. 167)

All diese Kritikpunkte und Einwände sind stichhaltig und im Dramentext gut nachweisbar. Es kann daher darauf verzichtet werden, die Figur des alten Grafen in den wenigen Szenen, in denen er überhaupt vorkommt (I,1, II,2, IV,5 und V,2), noch eingehender zu untersuchen. Gegen keinen seiner beiden Söhne weiß er sich zu irgendeinem Moment der Handlung zu behaupten (vgl. *Interpretationshilfe,* S. 61). Sein Erziehungsstil hat aus beiden Söhnen das gemacht, was sie sind, auch wenn man ihren eigenen Anteil an der Ausbildung ihrer so unterschiedlichen und doch wieder ähnlichen Persönlichkeiten nicht unterschlagen darf. Dadurch bildet der alte Graf in seiner Marklosigkeit (vgl. S. 55) gleichsam die leere Mitte im übermäßig aufgeladenen Feld der widerstreitenden Kräfte.

Interessanter als die Figur selbst erscheint die Frage, warum Schiller eine so **schwache Figur** als Vertreter der alten Generation und damit der etablierten Ordnung entworfen hat. Schillers Kindheit und Jugend wurde vom Einfluss gleich zweier Väter dominiert, die beide stark und autoritär waren: sein leiblicher Vater und der Herzog Carl Eugen. Dem Herzog hat Schiller nicht verzeihen können, dass er ihm seine Jugend geraubt hatte, auch wenn er später durchaus anerkannte, dass er auf der Karlsschule eine ausgezeichnete Ausbildung erhalten hatte, die viel dazu beitrug, ihn zu dem zu machen, was er geworden war. Je mehr er dem Herzog zürnte, der sich anmaßte, bei den Schülern seiner Schule an die Stelle des Vaters zu treten, desto mehr verklärte sich für Schiller das Bild seines wirklichen Vaters. An seine Schwester Christophine schrieb er am 19. Juni 1780, also zu einer Zeit, zu der er an den *Räubern* arbeitete: „Ich habe das Glück vor vielen Tausenden, (das unverdiente Glück) den besten Vater zu haben."

Das klingt ein wenig zu überschwänglich, um ganz als unmittelbares inneres Erlebnis zu überzeugen – zumal Schiller seinen Vater seit Jahren kaum gesehen hatte. Denkbar ist, dass Schiller den eigenen Vater so überschwänglich lobte, um vor sich selbst die Enttäuschung darüber zu verdecken, dass dieser Vater, die oberste Autorität seiner Kindheit, es nicht vermocht hatte, ihn vor dem Zugriff des Herzogs zu bewahren. Zwar hatte er es zweimal mutig abgelehnt, seinen Sohn in die Karlsschule zu geben, aber beim dritten Mal hatte er ihn ausgeliefert. Er hatte sich vor seinen Sohn gestellt, wodurch aber gerade erst recht deutlich wurde, dass der Übergang des Sohnes aus der Familie in die Schulkaserne nicht mit seinem Willen übereinstimmte, ohne dass er in der Lage war, ihn zu verhindern. Nüchtern betrachtet, war das auch nicht möglich. Für den 13-jährigen Schiller muss dies dennoch eine schwer zu verarbeitende Erfahrung gewesen sein. Der starke Vater seiner Kindheit hatte sich als schwach erwiesen. Das mag eine verstärkte Anhänglichkeit an den Vater und zugleich einen unterbewussten Groll gegen ihn ausgelöst haben. *Die Räuber* können aus solcher Sicht auch als ein Drama gelesen werden, in dem vorgeführt wird, was aus Söhnen werden kann, deren Väter ihre Autorität eingebüßt haben.

Moritz Spiegelberg

Gleich zweimal hat Schiller im ersten Absatz der endgültigen Vorrede zu den *Räubern* von „drei außerordentliche[n] Menschen" gesprochen, die in dem Stück aufträten (S. 3). Seither ist viel spekuliert worden, wer – neben den Brüdern Karl und Franz von Moor – mit dem dritten außerordentlichen Menschen gemeint sei. Da der alte Graf hierfür kaum in Frage kommt und sich Schiller auch über die Figur der Amalia eher abschätzig geäußert hat, hat man schon früh auf Spiegelberg hingewiesen. Er steht auch im Personenverzeichnis des Schauspiels bereits an fünfter Stelle (S. 10). Ebenso ist auffällig, dass er neben den Mitgliedern der Familie Moor als einzige weitere Person sowohl einen Vornamen wie auch einen Nachnamen hat: Moritz Spiegelberg. Auch dies verhilft ihm gegenüber den anderen Figuren des Stücks von vornherein zu einer volleren Individualität.

In den ersten drei Akten, bis zu Karls Eintritt in die Familienhandlung, füllt Spiegelberg die dramaturgisch wichtige Rolle des **Gegenspielers von Moor** aus. Ohne ihn fehlte der Räuberhandlung das Konfliktpotenzial, das sie interessant macht. Schon bei seinem ersten Auftritt, in dem langen Gespräch mit Moor in I, 2, erhält er ausführlich Gelegenheit, seinen Charakter zur Geltung zu bringen: Er ist geschwätzig und zugleich intelligent, er liebt es, zu sticheln und zu provozieren, er schmiedet Pläne zu fantastischen Projekten, hat aber auch einen Blick für das Realisierbare: Die Idee, sich zu einer Räuberbande zusammenzuschließen, stammt von ihm. Gerne wäre er deren Anführer geworden. Für seine Kumpane steht jedoch fest, dass nur Moor das Zeug dazu hat. Gedemütigt muss Spiegelberg erkennen, dass er in den Augen der anderen für den Posten nicht in Frage kommt.

Wie Franz ist Spiegelberg demnach gegenüber Karl ein zu kurz Gekommener. Er agiert in den ersten drei Akten in mancher Hinsicht als **Franz' Doppelgänger beziehungsweise Stellvertreter.** Auch er hat hochfliegende Ansprüche, über die man jedoch hinweggegangen ist. Als ein Unzufriedener begibt er sich unter den Oberbefehl seines Rivalen, ist aber daneben offenbar bemüht, durch eigenständige Aktionen seine Unabhängigkeit zu bewahren (vgl. seine Erzählungen zu Beginn der Szene II, 3, S. 59–64) und sich eigenen Ruhm als Verbrecher zu erwerben (vgl. S. 59). Als sich die Handlung des Stücks zusehends zum Familienkonflikt hin verlagert und die Endabrechnung zwischen Karl und Franz ansteht, wird Spiegelberg recht sang- und klanglos aus dem Weg geräumt. Er überredet Razmann, Moor hinterrücks zu ermorden, und wird dafür von Schweizer, der das Komplott belauscht hat, erstochen (S. 115). Seine Entlarvung und Bestrafung als Verräter nimmt das Ende von Franz vorweg.

Germanisten wie Philipp F. Veit und Otto F. Best haben Spiegelberg eigene Studien gewidmet und gezeigt, dass Schiller in dieser Figur einen für das Bandenunwesen in der zweiten Hälfte des 18. Jahrhunderts charakteristischen Typus mit soziologischer Genauigkeit porträtiert hat (in: *Jahrbuch der deutschen Schillergesellschaft,* Band XVII, 1973, und Band XXII, 1978). Mit Spiegelberg liefert Schiller „die Karikatur eines moralisch verderbten Messianisten" (Veit, a. a. O., S. 288). Gleich zu Beginn des Stücks macht Spiegelberg Moor den Vorschlag: „Wir lassen ein Manifest ausgehen in alle vier Enden der Welt und zitieren nach Palästina", wo Jerusalem wieder aufgebaut werden soll (S. 23 f., vgl. auch S. 27). Spiegelberg sieht sich schon als König eines neuen jüdischen Staates. Figuren wie Spiegelberg, zweifelhafte und unheilige Propheten, die statt eines frommen ein ausschweifendes Leben führten und Sekten mit wirrer Weltanschauung begründeten, die von Räuberbanden kaum zu unterscheiden waren, waren in Schillers Jugend eine **zeittypische Erscheinung.** Viele dieser gesellschaftlichen Außenseiter waren Juden. Und auch Schiller hat Spiegelberg offenkundig als **Juden** angelegt; darauf deuten dessen politische Visionen, Eigentümlichkeiten seiner Sprache, wohl auch sein Name, ferner seine weltanschaulichen Gewährsleute wie der jüdische Geschichtsschreiber Josephus (S. 22) und nicht zuletzt Karls gehässiger Spott über den Umstand, dass er beschnitten ist (S. 23). Dass ausgerechnet eine so unverkennbar problematische Gestalt wie Spiegelberg als Jude gekennzeichnet ist, hat den Interpreten – seit Ende des Dritten Reichs – immer einige Verlegenheit bereitet. Groß war die Sorge, Schiller antisemitische Ressentiments unterstellen oder auch nur dem Vorwurf aussetzen zu müssen, mit seiner Figur einem beim Leser vorhandenen Antisemitismus Nahrung zu geben. Mittlerweile meint man zu erkennen, dass Schiller in Spiegelberg lediglich die historische Realität gespiegelt hat, in der die von Spiegelberg vertretenen „weltanschaulichen Klischees" (Best, a. a. O., S. 300) eben häufig von Menschen jüdischer Abstammung vertreten wurden. Das hat natürlich wesentlich auch damit zu tun, dass Juden schon zu dieser Zeit gesellschaftlich ins Abseits gedrängt wurden. Schillers Figur, die gegen solche Ungerechtigkeit aufbegehrt, lässt sich insofern auch als Anklage gegen diese pauschale Form der Diskriminierung auffassen.

„Die Räuber“ – Personenkonstellation

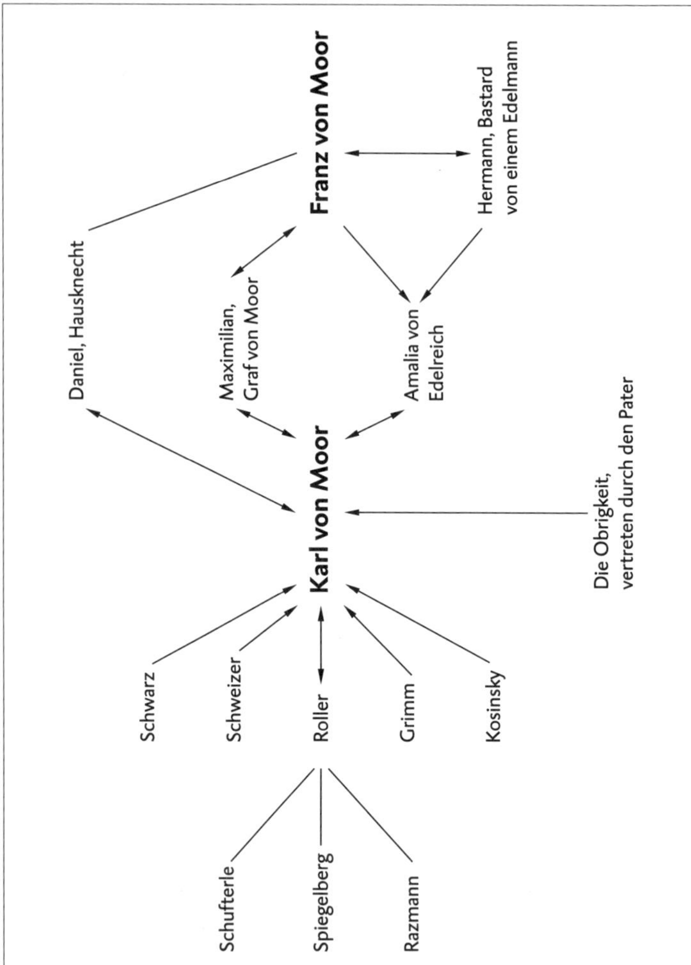

5 Sprache und Körpersprache

In den *Räubern* geht es kaum jemals gemäßigt zu: Alle Figuren stehen beinahe pausenlos unter Hochdruck: Ihre Nerven sind bis zum Äußersten angespannt, nur mühevoll bewahren sie die Fassung. Diese **fiebrig erhöhte Betriebstemperatur des Stücks** entspricht seinem krassen Inhalt: den Schicksalen einer umherziehenden und von der Obrigkeit gejagten Räuberbande und der planmäßigen Zerstörung einer Familie, bei der der Hauptschuldige nicht vor Vatermord, Brudermord und Gotteslästerung zurückschreckt. Solche Geschehnisse verlangen nach einem sprachlichen Ausdruck und einer schauspielerischen Darstellung, die weit über das ruhige Mittelmaß des Alltäglichen hinausschießen. Darin gleichen *Die Räuber* anderen Stücken des Sturm und Drang, die – in polemischer Abgrenzung gegen die aufklärerische Kultur der Vernunft und der beherrschten Emotionen – auf die **Inszenierung großer Leidenschaften** abzielten. Den jungen Autoren ging es darum, Menschen auf die Bühne zu bringen, die noch nicht durch gesellschaftliche Einschränkungen und konventionelle Moralvorstellungen gezähmt worden waren; bemerkenswert dabei ist, dass sich die unverstellte menschliche Natur solcher Bühnenhelden, die ungehemmt ihren Anspruch auf das Ausleben ihrer Individualität durchsetzen, zumeist als ein erschreckender Abgrund erweist. Der Mensch im losgelassenen Zustand ist offenbar auch aus der Sicht der Stürmer und Dränger kein Engel, sondern eher ein Tier unter Tieren.

Zwar kritisiert der **Sturm und Drang** die moderne Zivilisation, weil sie den Menschen so lange diszipliniert, bis er sich selbst fremd geworden und dadurch bequem lenkbar ist. Aber der Sturm und Drang verschließt auch nicht die Augen davor, dass die moderne Gesellschaft zumindest den zivilisierten Umgang der Menschen untereinander gewährleistet. Fallen die durch sie aufgebauten Hemmschwellen fort, brechen zerstörerische Instinkte durch. Der **Mensch** wird zum **Raubtier.**

Die Überzeugung, dass der Mensch seiner wahren Natur nach ein Raubtier ist, spiegelt sich in den *Räubern* in zahlreichen Tiermetaphern. Als Karl von Moor sich von seinem Vater verflucht glaubt, macht er sich mit den folgenden Vergleichen Luft:

> *Menschen – Menschen! falsche, heuchlerische Krokodilbrut! [...] Löwen und Leoparden füttern ihre Jungen, Raben tischen ihren Kleinen auf dem Aas, und Er, Er – Bosheit hab ich dulden gelernt, kann dazu lächeln, wenn mein erboster Feind mir mein eigen Herzblut zutrinkt – aber wenn Blutliebe zur Verräterin, wenn Vaterliebe zur Megäre wird, o so fange Feuer, männliche Gelassenheit, verwilde zum Tiger, sanftmütiges Lamm, und jede Faser recke sich auf zu Grimm und Verderben. [...] Warum ist dieser Geist nicht in einen Tiger gefahren, der sein wütendes Gebiss in Menschenfleisch haut? [...] Ich möchte ein Bär sein, und die Bären des Nordlands wider dies mörderische Geschlecht anhetzen [...] So eine rührende Bitte, so eine lebendige Schilderung des Elends und der zerfließenden Reue – die wilde Bestie wär in Mitleid zerschmolzen! [...] wider das Hyänengezücht [...] Ha! wer mir itzt ein Schwert in die Hand gäb, dieser Otterbrut eine brennende Wunde zu versetzen!* (S. 34 f.)

Hier wie an zahlreichen anderen Stellen des Schauspiels kennt Schiller im **pathetischen Überschwang der Sprache** kaum ein Maß. Er möchte die größtmögliche Wirkung erzielen, möchte den Zuschauer um jeden Preis beeindrucken; auch um den Preis der Glaubwürdigkeit der Figuren. Zwar kommt die Erregung Karls im Satzbau, durch die zahlreichen Ausrufezeichen und Gedankenstriche, glaubwürdig zum Ausdruck. Doch niemand spricht, zumal im Zustand besonderer Aufregung, eine solche Sprache. In den *Räubern* sprechen die Figuren durchwegs so: einerseits glaubwürdig erregt, zugleich aber so sprachgewaltig, in so anschaulichen Bildern und rhetorisch so geschliffen, wie es ihnen der scharfe Kunstverstand des Dichters vom Schreibtisch aus diktiert. Karl sagt nicht: „Jeder muss einmal sterben, ob im Bett, im Kampf oder am Galgen!“ Er ruft: „Jeden ereilet endlich sein Tag, es sei auf dem weichen Kissen von Flaum, oder im rauen Gewühl des Gefechts, oder auf offenem Galgen und Rad!“ (S. 37)

Amalia empört sich wie Karl mithilfe von Tiermetaphern über die vermeintliche Grausamkeit des alten Grafen Moor: „Ha des liebevollen, barmherzigen Vaters, der seinen Sohn Wölfen und Ungeheuern preisgibt! daheim labt er sich mit süßem köstlichem Wein und pflegt seiner morschen Glieder in Kissen von Eider, während sein großer, herrlicher Sohn darbt [...]! schämt euch, ihr Drachenseelen, ihr Schande der Menschheit!“ (S. 37) **So grell wie möglich** wird hier der Krieg der Generationen im Bild der morschen Glieder verdichtet, denen der Alte jeden Luxus gönnt, nachdem er den Jungen, seinen Nachfolger, vom heimischen Herd vertrieben hat.

Franz, der nur scheinbar kaltblütig Beherrschte, in dem besonders abgründige Leidenschaften toben, schildert Amalia den angeblichen Zustand ihres Geliebten in **schockierender Anschaulichkeit:** Das Laster, das diesen gesundheitlich ruiniert habe, verrate sich „im totenblassen, eingefallenen Gesicht und dreht die Knochen hässlich hervor – [...] da, da spritzt es den eitrigten, fressenden Schaum aus Stirn und Wangen und Mund und der ganzen Fläche des Leibes zum scheußlichen Aussatz hervor und nistet abscheulich in den Gruben der viehischen Schande“ (S. 39). Die Kenntnisse, um ein solches abstoßendes Krankheitsbild zu zeichnen, erwarb Schiller in seiner Ausbildung zum Mediziner.

Schweizer möchte den Söldnern der Obrigkeit, die die Bande mit vielfacher Übermacht umstellt haben, „mit meinen Fangern den Bauch schlitzen, dass ihnen die Kutteln schuhlang herausplatzen“ (S. 73). Den Pater, den Unterhändler des Obrigkeit, will er zu „Brei zusammenreiben“ und bittet seinen Hauptmann darum, „diesem abgerichteten Schäferhund die Gurgel zusammenschnüren“ zu dürfen, „dass ihm der rote Saft aus allen Schweißlöchern sprudelt“ (S. 76). Die **Sprache menschlicher Verrohung** ergänzt das Charakterbild des Räubers, der zwar gegenüber dem etwas widerlichen Pater als der aufrechtere Charakter erscheint, dem man jedoch lieber nicht allein im Dunkeln begegnen möchte. Bei den angeführten brutalen Äußerungen spielt zudem sicher auch die Lust am Tabubruch – daran, etwas eigentlich Erschreckendes gelassen auszusprechen – eine Rolle.

Der Pater selbst, der längst kein wahrer Diener Gottes mehr ist, sondern nur ein Handlanger der weltlichen Macht, steht mit seinen **maßlosen Schimpftiraden** kaum hinter Schweizer zurück. Auch er verwendet Tiermetaphern, auch wenn die meisten seiner Vergleiche auf die Bibel zurückgehen: „[...] ihr Schelmen – giftige Otternbrut, die im Finstern schleicht, und im Verborgenen sticht – Aussatz der Menschheit – Höllenbrut – köstliches Mahl für Raben und Ungeziefer [...]“ (S. 74 f.).

Diese auf geschliffene Weise überhitzte Sprache durchzieht das ganze Stück, das damit auch in sprachlicher Hinsicht – neben der Monstrosität des Stoffes und der Figuren – monströs ist. Schiller wollte mit seinem Stück Aufsehen erregen. Das zeigt sich eben auch an dessen Sprache.

Kaum weniger angespannt als die Sprache der Figuren ist ihre **Gestik,** die in zahlreichen Regieanweisungen festgelegt ist. Auch hier geht es Schiller um die **Darstellung heftiger Emotionen und Stimmungsumschwünge:** Im Laufe der Auseinandersetzung zwischen Franz und dem alten Grafen in der ersten Szene fängt dieser an, *„bitterlich“* zu weinen, woraufhin ihm sein niederträchtiger Sohn *„um den Hals“* fällt (S. 13). Als Karl in I, 2 auf das Schreiben seines Vaters wartet, *„fliegt“* er zunächst Schwarz entgegen, der ihm den Brief bringt, bricht diesen dann *„hastig“* auf und lässt ihn, nachdem er ihn überflogen hat, *„fallen und* *rennt hinaus"* (S. 28 f.). Später kommt er *„in wilder Bewegung"* wieder herein *„und läuft heftig im Zimmer auf und nieder"* (S. 34). Seine Anklage gegen den Vater wird von der Regieanweisung unterbrochen: *„Schäumend auf die Erde stampfend."* (S. 35)

Auch Amalias Gefühlsleben ist von heftigen, rasch wechselnden Emotionen bestimmt. Gleich während ihres ersten Auftrittes (I, 3) durchläuft sie im Gespräch mit Franz eine Reihe leidenschaftlicher Zustände: *„stolz* [...] *bewegt* [...] *auffahrend* [...] *aufgebracht* [...] *heftig* [...] *schlägt ihn* [...] *wendet ihr Gesicht ab* [...] *froh aufspringend* [...] *fällt ihm um den Hals* [...] *schüttelt den Kopf* [...] *sieht ihn verwundernd an* [...] *zurückspringend* [...] *Sie reißt sich die Perlen vom Hals."* (S. 38–42)

Die **Gefahr** ist, dass die starken Leidenschaften, die die Figuren des Stücks schütteln, in **Theatralik im schlechten Sinne** umschlagen. Die Szene II, 2, in der der alte Graf durch die falsche Nachricht vom Tod seines Sohnes umgebracht werden soll, enthält eine solche Situation:

> FRANZ *(wild auf Hermann losgehend).* [...] AMALIA *(wie aus einem Todesschlummer aufgejagt.)* [...] DER ALTE MOOR *(grässlich schreiend, sich die Haare ausraufend).* [...] FRANZ *(umherirrend im Zimmer).* [...] AMALIA *(heftig auf Hermann losgehend).* [...] DER ALTE MOOR *(schreiend, sein Gesicht zerfleischend).* [...] *(lallend).* [...] AMALIA [...] *(hin und her taumelnd, bis sie umsinkt).* [...] FRANZ *(auf den Boden stampfend).* [...] DER ALTE MOOR *(schlägt mit geballter Faust wider Brust und Stirn).* [...] *(Wütet wider sich selber).* [...] FRANZ [...] *(Höhnisch lachend).* [...] DER ALTE MOOR [...] *(Fährt aus dem Sessel, will Franzen an der Gurgel fassen, der ihn zurückschleudert).* [...] *(Voll Verzweiflung hin und her geworfen im Sessel).* (S. 53–55)

Zumindest aus heutiger Sicht erscheint das als zu dick aufgetragen. Schiller folgt hier gewissermaßen dem Durchschnittsgeschmack des Sturm und Drang, der es liebte, Leidenschaftlichkeit in grellen Farben zu malen. Dass es auch anders ging, zeigte Goethe, der sich in seinem Beitrag zum Sturm und Drang, dem *Götz von Berlichingen* (1773), in dieser Hinsicht sehr zurückhielt. Nicht umsonst war Schiller, der jahrelang vor allem als der Dichter der *Räuber* bekannt blieb, dem um zehn Jahre älteren Goethe zunächst ziemlich suspekt. Schillers **Dramaturgie der extremen Leidenschaftlichkeit** dient dem Zweck, auch den eher schlicht empfindenden Teil des Theaterpublikums zu packen. Anders als Goethe darauf angewiesen, von seiner Schriftstellerei zu leben, suchte Schiller von Anfang an den großen Publikumserfolg. Dass er dem verfeinerteren Geschmack des anspruchsvollen Teils des Publikums ebenfalls genug zu bieten habe, daran zweifelte er nicht. *Die Räuber,* in denen unter der Oberfläche einer reißerischen Geschichte die überaus differenzierten Charakterporträts komplizierter Persönlichkeiten entworfen werden (vgl. *Interpretationshilfe,* S. 75 ff.), bestätigen diese Einschätzung und zeugen so von Schillers künstlerischer Doppelstrategie.

6 Interpretation von Schlüsselstellen

Zweiter Akt, erste Szene: Monolog des Franz von Moor (S. 43–45)

Im ersten Akt hat Franz aufgrund seiner Intrige den älteren Bruder Karl als ersten Anwärter auf das Erbe des väterlichen Reichtums und der väterlichen Macht ausgeschaltet. Im zweiten Akt geht es ihm nun darum, auch den **Vater** beiseite zu schaffen, denn dieser tut ihm trotz seiner Gebrechlichkeit nicht den Gefallen zu sterben. „Es dauert mir zu lange –“: mit diesem rücksichtslosen Bekenntnis beginnt der Monolog von Franz und mit ihm der zweite Akt. Brutal bezeichnet Franz seinen Vater als „diesen ärgerlichen zähen Klumpen Fleisch“ und schließt damit an die zynischen Überlegungen aus seinem ersten Monolog an, in dem er die von der menschlichen Gesellschaft geforderte Liebe und Achtung zwischen Mitgliedern derselben Familie für unbegründet und verlogen erklärt hat (I, 1, S. 18–21). Die Bezeichnung weist aber auch voraus auf einen späteren Monolog, in dem Franz die Überzeugung äußert, dass der Mensch nichts weiter sei als ein seelen- und bedeutungsloser Teil der organischen Natur: „der Mensch entstehet aus Morast […] und gärt wieder zusammen in Morast" (IV, 3, S. 104). Aus diesen beiden Voraussetzungen zieht Franz sein vermeintliches Recht, das Leben seines Vaters zu verkürzen: Denn zum einen schuldet er seinem Erzeuger keine Dankbarkeit (vgl. S. 20 f.) und zum anderen spielt es, von einer höheren Warte aus betrachtet, keine Rolle, ob etwas so Gleichgültiges wie das menschliche Leben etwas früher oder etwas später endet.

Der Wahrheitsanspruch dieser Argumentation gründet auf ihrer vorgeblich so **rücksichtslosen Rationalität:** Franz tut so, als lasse er sich durch keine falschen Sentimentalitäten den nüchternen Blick auf die Wirklichkeit verstellen. Es ist jedoch nicht zu übersehen, dass diese Argumentation nicht Stich hält. Denn für den alten Grafen ist sein aus höherer Warte so bedeutungsloses Leben natürlich alles andere als gleichgültig. Und der unbedingte Wille zur Macht, den Franz unter Beweis stellt, macht deutlich, dass auch Franz seiner eigenen Existenz ganz selbstverständlich die einmalige Bedeutung zuerkennt, die er dem menschlichen Leben im Allgemeinen abspricht.

Den Vater möchte Franz tot sehen, aber er möchte ihn – „um der Leute willen" – nicht gern selbst töten müssen. Er möchte nicht in den Augen derer, die nicht so fortschrittliche und vorurteilsfreie Gesinnungen haben wie er, als Vatermörder erscheinen. Ob er mit einer solchen Erklärung nicht auch seine eigene **Scheu** bemäntelt, den Vater zu ermorden – weil er eben doch auch selbst in den angeblich überwundenen Vorurteilen befangen ist –, bleibt offen. Seine weitere Entwicklung aber spricht für diese Deutung: Zuletzt wird er von den „Ammenmärchen" von Vergeltung und Jüngstem Gericht eingeholt (vgl. S. 103 f. und S. 129–131).

Franz entwickelt den Plan, es so zu „machen wie der gescheite Arzt, nur umgekehrt“. Während der gute Arzt den Verfallsprozess des Körpers aufhält, will Franz ihn beschleunigen. Dabei greift er auf Erkenntnisse über die **Wechselwirkungen zwischen Geist und Körper** zurück, die seinerzeit sehr modern waren und Schiller während seiner Medizinerausbildung und in seinen Dissertationsschriften nachhaltig beschäftigt haben. Schiller interessierte sich nur wenig für die praktische Heilkunst und sowohl die überlieferten Zeugnisse über seine Tätigkeit als Regimentsarzt sowie seine an sich selbst vorgenommenen Radikalkuren deuten darauf hin, dass er für seine Patienten eher eine Gefahr als ein Segen war. Weit mehr zeigte sich Schiller von den philosophischen Aspekten der ärztlichen Wissenschaft fasziniert. Ist der menschliche Körper nur eine komplizierte Maschine? Welche Konsequenzen hätte das für das Bild vom Menschen? An welcher Stelle kommt der menschliche Geist ins Spiel? Wie lässt sich dieser Geist überhaupt denken? Welchen Einfluss hat er auf das körperliche Befinden? Wo ist das Scharnier, an dem Bewegungen des Geistes in Veränderungen des Körpers übergehen?

Der Monolog von Franz zu Beginn des zweiten Aktes zeigt in besonderer Deutlichkeit, dass diese Fragen auch Schillers negativen Helden beschäftigen. Auch Franz ist auf der Suche nach dem **„Mechanismus“** des Menschen und auch er glaubt trotz seines nihilistischen Menschenbildes, dass der Geist Einfluss auf den Körper hat. Zudem ist er vom Geist des **Experiments,** der die moderne Wissenschaft prägt, durchdrungen: Es kommt nur auf die richtige Versuchsanordnung an, dann lässt sich der körperliche Verfall lenken und voraussagen. In diesem Zusammenhang wird in einer Fußnote auf den Fall einer experimentellen Giftmischerin aus Paris aufmerksam gemacht. Eine Fußnote in einem Dramentext ist merkwürdig. Man weiß nicht recht, ob auch dieser Hinweis zum Text von Franz gehört oder ob sich hier nur der Autor mit einer zusätzlichen Information an den Leser wendet. Jedenfalls wird so die Nähe der Ausführungen von Franz zu Schillers medizinischen wissenschaftlichen Schriften betont.

Auch durch die wissenschaftlichen Fachausdrücke, die Franz geläufig sind, beweist er seine **medizinischen Fachkenntnisse.** Er verweist darauf, dass „[g]ichtrische Empfindungen" (gemeint sind: Gefühlskrämpfe) immer mit „einer Dissonanz der mechanischen Schwingungen" einhergehen, dass also geistige Leiden immer auch von körperlichen Symptomen begleitet sind. Und er plant den Mord auf eine Weise, dass der „Zergliederer" (mit einem modernen Begriff: der Gerichtsmediziner) beim Öffnen der Leiche seines Vaters „keine Spuren von Wunde oder korrosivischem" (zersetzendem) „Gift" nachweisen kann. Er will den Vater in den Zustand einer solchen Verzweiflung stürzen, dass die dadurch ausgelöste heftige Erregung zum Tode führt.

Diesen Plan fasst er in Worte, die auch seine **allgemeine Bildung** beweisen. Das Gefühl der *„Reue"*, auf das er bei seinen Mordabsichten baut, nennt er eine „höllische Eumenide", die „sanftlächelnde *Vergangenheit*" und die „blühende *Zukunft*" – die ebenfalls dazu beitragen sollen, dass der Vater sich nicht länger ans Leben klammert, sondern den Trost des Himmels sucht –, spricht er als „wohltätige Grazien" an und die *„Verzweiflung"* soll als seine stärkste Waffe den „Furientrupp" vervollständigen. „Eumeniden", „die Wohlgesinnten", nannten die Griechen in beschönigender Absicht ihre Rachegöttinnen, die „Erinnyen" – im Munde von Franz kann man das als absichtlichen Zynismus werten. Die „Grazien" waren in der Götterwelt des alten Rom die Göttinnen der Anmut, und „Furien" ist die römische Bezeichnung für „Erinnyen", also wiederum für die Rachegöttinnen.

Franz ist ein gebildeter Mensch und ein wissenschaftlicher Kopf; und er ist zugleich ein **skrupelloser Mörder.** Gelehrsamkeit bietet keine Garantie für menschliche Gesittung. Ungeachtet eines langen Zivilisationsprozesses im Verlauf der Geschichte der Menschheit ist das Raubtier in Franz völlig ungezähmt. Das macht Schiller auch an dieser Stelle des Stücks durch auffällige **Tiermetaphern** deutlich (vgl. *Interpretationshilfe,* S. 106 ff.): den *„Zorn"* bezeichnet Franz als „heißhungrige[n] Wolf", den *„Gram"* als „Natter" und die *„Reue"* gar als „grabende Schlange, die ihren Fraß wiederkäut und ihren eigenen Kot wiederfrisst"; dass dieses abstoßende Bild nicht nur Schaudern hervorruft, sondern die angesprochene Empfindung der Reue auch in eindrucksvoller Anschaulichkeit genau erläutert, spricht für die dichterische Meisterschaft bereits des jungen Schiller: Er will das Publikum in seinen Bann reißen und scheut dabei vor drastischen Mitteln nicht zurück; aber diese Drastik besteht nicht aus einer wahllosen Häufung von Kraftwörtern, sondern aus wohldurchdachten sprachlichen Bildern und aus genau kalkulierten Provokationen des so genannten guten Geschmacks.

Vierter Akt, fünfte Szene: Monolog des Karl von Moor (S. 118–120)

Ging es in dem eben interpretierten Monolog des Franz von Moor um den perfekten Mord, so geht es im letzten Monolog seines Bruders Karl um das **Für und Wider des Selbstmords.**

Das Selbstgespräch ist in vier Absätze und entsprechend in vier gedankliche Abschnitte unterteilt. Der **erste Abschnitt** ist vom Gefühl der Sinnlosigkeit und der sich daraus ergebenen nihilistischen Stimmung geprägt. Finsternis umgibt Karl, und zwar in doppeltem Sinne, denn es ist Nacht und die Welt erscheint ihm undurchsichtig, ein verworrenes Labyrinth ohne Ausgang und ohne Orientierung: „kein leitendes Gestirn" ist erkennbar und damit offenbar auch kein göttlicher Wille. Das Leben betrachtet Karl als ein „schales Marionettenspiel". Das ist ein konventionelles, oft verwendetes Bild für die Empfindung, nur eine unbelebte, willenlose Puppe in einem größeren Spiel zu sein, das man nicht durchschaut. Ein solches Leben ist deprimierend und ohne Reiz. Die Versuchung ist groß, aus einer solchen Existenz auszusteigen. Versuchsweise hält sich Karl *„die Pistole vors Gesicht"*. Merkwürdigerweise aber melden sich auch ganz andere Empfindungen, die mit dem Gefühl der allgemeinen Sinnlosigkeit im Widerstreit liegen: der „heiße *Hunger* nach *Glückseligkeit*", der Wunsch nach persönlicher Vervollkommnung. Der Mensch kann von der Sehnsucht nicht lassen, für sich das Glück und die Vollkommenheit zu erreichen, die ihm die Welt zu verweigern scheint. Auch als Hoffnungsloser hört er nicht auf zu hoffen und auf ein erfülltes Leben hinzuarbeiten. Die „göttliche Harmonie in der seelenlosen Natur" – die natürlich auch nichts anderes ist als eine Projektion, ein Abbild seiner Wünsche – mitzuempfinden ist Karl verwehrt; er kann sich nicht ins Unbewusste „der seelenlosen Natur" zurückfallen lassen. Sein Bewusstsein reicht andererseits nicht aus, um auf dem Wege der Reflexion einen höheren Zusammenhang zu erkennen. So steht er abseits der allgemeinen Harmonie und muss sich seine eigene Vollkommenheit erschaffen.

Auf der anderen Seite sind bisher alle seine Versuche gescheitert, seine Ideale zu verwirklichen. Da ist der Gedanke verführerisch, dem schalen Spiel ein Ende zu machen. Im **zweiten Abschnitt** scheint sich diese Absicht zu konkretisieren. Doch nun taucht ein neues Hindernis auf: die „Geister meiner Erwürgten", also die Opfer seiner Gewalttaten, an die sich Karl nun direkt wendet. Er versichert diesen Geistern, dass er vor ihnen – die ihm nach traditioneller christlicher, fest eingewurzelter Vorstellung beim Jüngsten Gericht gegenüberstehen werden – nicht zittern werde, und straft sich im gleichen Moment selbst Lügen, indem er laut Regieanweisung heftig zittert. Da hilft auch der Hinweis auf die „unzerbrechliche Kette des Schicksals" nicht. Wenn alles vorherbestimmt ist, wenn die „Launen meiner Ammen und Hofmeister", das „Temperament meines Vaters", das „Blut meiner Mutter" die unumkehrbaren Voraussetzungen dafür bilden, dass Karl zum Räuber und Mörder wird, dann trifft ihn keine persönliche Schuld. Und dennoch ist er von *„Schauer geschüttelt"* und wird den Gedanken an die „fürchterlich klaffenden Wunden" offenbar nicht los. Er vergleicht sich mit dem Ochsen des Perillus, wodurch deutlich wird, dass er sich vor allem als Werkzeug der Gerechtigkeit und selbst als Opfer ansieht. Der Überlieferung nach hatte Perillus dem Tyrannen Phalaris von Agrigent einen Ochsen aus Erz gegossen, der innen hohl war und dem Zweck dienen sollte, Verbrecher bei lebendigem Leib zu verbrennen. Warum, fragt Karl, musste es sein, „dass die Menschheit in meinem glühenden Bauche bratet"? In diesem Bild überwiegt das Mitleid mit sich selbst das Mitleid mit seinen Opfern. Es zeugt jedoch auch von seiner Einsicht, dass er sich als Werkzeug einer vermeintlichen höheren Gerechtigkeit in etwas Monströses verwandelt hat, auf das die Menschheit mit Schrecken und Abscheu sieht.

Wieder setzt Karl die Pistole an und wieder hält ihn ein weiterer Gedankengang von der Tat ab: Wohin, überlegt Karl im **dritten Abschnitt,** wird er gelangen, wie wird die „Behausung der ewigen Nacht" aussehen? Diese Ungewissheit verunsichert auch den entschlossensten Mann. Karl verscheucht solche Ängste, indem er sich auf sich selbst besinnt. Entscheidend sei, dass er sich „*selbst* mit hinübernehme. […] *Ich* bin mein Himmel und meine Hölle." Diese trotzige Erkenntnis verdeutlicht stärker als alle Aussagen zuvor Karls Isoliertheit.

Doch der Gedanke an das, was ihn im Jenseits erwartet, lässt ihn auch im **vierten Abschnitt** des Monologs nicht los. Am wahrscheinlichsten kommt es ihm vor, dass er auf „irgendeinem eingeäscherten Weltkreis" ausgesetzt sein wird, wo ihn „einsame Nacht", „ewige Wüste" und „schweigende Öde" umgeben werden. Diese Erwartung entspricht seinem Selbstbild als ein von aller menschlichen Gemeinschaft Ausgeschlossener, das sich im Verlauf seiner Räuberkarriere mehr und mehr in ihm festgesetzt hat. Das beweist auch, dass dem Menschen angesichts des *„namenlose[n] Jenseits"* die Fantasie ausgeht: Er kann sich in der Ausmalung des Lebens nach dem Tode nicht wirklich von den Vorstellungen lösen, die ihn ohnehin beherrschen.

Die Aussicht, in Ewigkeit verbannt und einsam zu bleiben, entspricht zwar Karls heroischem Selbstbild, das nach irgendeiner Art von Sonderbehandlung verlangt, ist aber dennoch schwer erträglich. Als Ausweg kommt Karl auf die Idee, dass er ja wohl in gleicher Weise, wie er aus seinem jetzigen Leben aussteigen kann, auch die Möglichkeit haben werde, sich im Jenseits der ihm zugedachten Existenz zu entziehen: „Kann ich nicht die Lebensfäden, die mir jenseits gewoben sind, so leicht zerreißen wie diesen? [...] Diese Freiheit kannst Du mir nicht nehmen." Trotzig begehrt er gegen die göttliche Allmacht auf und beharrt auf seiner Würde als eigenständig handelnder Mensch. Dann lädt er die Pistole, doch nur, um wieder nicht abzudrücken. Seine letzten Spekulationen haben ihn an seinen Stolz erinnert. Ist es mit diesem vereinbar, dass er sich vor seinem Elend drückt? „Nein!", antwortet Karl sich selbst, „ich will's dulden! *(Er wirft die Pistole weg.)* Die Qual erlahme an meinem Stolz! Ich will's vollenden."

Die mehrfach umspielte **Kernfrage** von Karls Monolog ist: **Wie frei ist der Mensch?** Im ersten Absatz lautet die Antwort: überhaupt nicht! Vielmehr ist er bloß eine Marionette, der jedoch zu ihrem Elend das quälende Bewusstsein ihrer Unfreiheit gegeben ist. Auch im zweiten Absatz deutet der Hinweis auf die „Kette des Schicksals" auf die Unfreiheit des Menschen. Diese „Kette des Schicksals" wirkt wie ein Zerrbild der „großen Kette der empfindenden Wesen", die im Zentrum von Schillers Jugendphilosophie stand. Während diese als Metapher für den allseitigen Zusammenhang in der Natur – unter Einschluss des Menschen – den Abgrund des Nihilismus schloss, von dem sich Schiller bedroht fühlte, ist jene der Ausdruck eines mechanistischen Weltbildes, in dem der Mensch nur ein Rad im großen Getriebe ist, auf dessen Ablauf er keinen Einfluss hat.

Im dritten Abschnitt kommt es jedoch zu einer anderen Antwort auf die Frage nach der Freiheit des Menschen. Solange es ihm gelingt, sich selbst zu bewahren, bleibt er im Innersten frei: „Außendinge sind nur der Anstrich des Manns – *Ich* bin mein Himmel und meine Hölle." Die Spekulationen des letzten Abschnitts weisen in dieselbe Richtung: Der Mensch kann sich sein Schicksal nicht aussuchen. Aber er kann sich innerhalb des ihm zugewiesenen Schicksals seine innere Freiheit bewahren. Daraus ergibt sich die Aufgabe, das Schicksal zu erdulden, denn nur so bietet sich die Gelegenheit, immer wieder innere Freiheit unter Beweis zu stellen. Wer sich davor drückt, indem er sich erschießt, den kostet diese eine freie Entscheidung die Möglichkeit, sich weiterhin als innerlich frei zu erweisen. Zwar kann man darauf bauen, dass man sich auch im Jenseits immer noch einmal wird erschießen können. Doch das kann auf Dauer keine Lösung sein. Seine Freiheit beweist im Gegenteil derjenige, dem es gelingt, das, was ihm auferlegt ist, nicht gezwungenermaßen zu erdulden, sondern aus eigener Entscheidung. In einer solchen Handlungsweise verbirgt sich zuletzt auch die – vielleicht gar nicht so unberechtigte – Hoffnung, dass die Last des Schicksals nachlässt, wenn sie freiwillig geschultert wird: „Die Qual", sagt Karl am Ende, „erlahme an meinem Stolz!"

In diesem Monolog Karls scheint bereits Schillers späterer Begriff des **Erhabenen** auf, der für seine Tragödientheorie von großer Bedeutung ist. Die Wirkung des Erhabenen entsteht aus der **moralischen Selbstbehauptung** und damit aus dem Triumph der Freiheit über den Zwang der Natur und des Schicksals. Durch den Akt einer solchen Selbstbehauptung erlangt die dramatische Figur Würde. Auf Karl von Moor ist dieser Begriff des Erhabenen nur ansatzweise anzuwenden. Zu deutlich verkennt er sich selbst, zu sehr lässt er sich bis zuletzt in seinen aufgeregten Momenten von seinen Leidenschaften und von seiner Eitelkeit hinreißen. Aber als er die Pistole absetzt, nähert er sich dennoch auf einige Augenblicke der Schillerschen Vorstellung eines erhabenen Charakters.

Wirkungsgeschichte

Die Räuber erwiesen sich von Anfang an als zugkräftiges Stück. Entsprechend kam das Schauspiel schon bald nach seiner Mannheimer Uraufführung im Januar 1782 in weiteren deutschsprachigen Theaterzentren auf die Bühne. Die Erstaufführungen der *Räuber* in Leipzig und Dresden fallen noch ins selbe Jahr 1782. Anfang 1783 wurden *Die Räuber* auch in Berlin gespielt, 1784 in Wien und in Stuttgart. Fast überall wurde das Stück jedoch in **abgemilderten Fassungen** aufgeführt, weil es sonst die Zensur nicht passiert hätte. Für die Wiener Erstaufführung war das Werk von dem Lustspieldichter Johann Rautenstrauch bearbeitet worden. Der alte Graf von Moor wurde in dieser Fassung vom Vater zum Oheim der feindlichen Brüder, um den Mordanschlag von Franz weniger monströs erscheinen zu lassen. Der Wiener Zensor schrieb in Bezug auf *Die Räuber:* „Schon grobe Mißhandlungen der Eltern sind bedenklich; sie gehen auch gegen den guten Geschmack." (Zitiert nach: ED, S. 185) Der Berliner Theaterautor Karl Plümicke machte hingegen aus Franz einen Halbbruder Karls und unehelichen Sohn, um aus dieser unedlen Abstammung seine unedle Gesinnung zu motivieren. In dieser Fassung wurde das Stück auch in Stuttgart gespielt. In einer anderen Bearbeitung – die in Stralsund und Rostock aufgeführt wurde – war das Stück mit einem Happyend versehen worden: Nur Franz wurde von der Gerechtigkeit ereilt, der alte Graf, Amalia und Karl hingegen blieben am Leben und wurden miteinander glücklich.

Gegen diese Umarbeitungen seines Stücks konnte sich Schiller nicht zur Wehr setzen, weil es im ausgehenden 18. Jahrhundert noch **keinen wirksamen Urheberschutz** gab. Bis in die Mitte des 19. Jahrhunderts hinein wurden *Die Räuber* fast ausschließlich in solchen geglätteten Fassungen – oft auch unter weniger aufrührerischen Titeln – gespielt.

Wie sehr die Regierungen der deutschen Länder das Stück als **politischen Sprengstoff** betrachteten, wird auch dadurch deutlich, dass seine Aufführung in Zeiten republikanischen Aufbruchs – und den damit einhergehenden Einschränkungen der Meinungsfreiheit durch die Obrigkeit – wiederholt ganz verboten wurde. Das gilt für die Zeit der so genannten Demagogenverfolgungen nach den Karlsbader Beschlüssen von 1819 ebenso wie für das vorrevolutionäre Jahr 1847. Auch im 20. Jahrhundert wurde das Stück noch als Möglichkeit benutzt, auf der Bühne eine politisch revolutionäre Aussage zu machen. So erklärt sich die Vielzahl der *Räuber*-Inszenierungen in den späten Sechzigerjahren, als die Studenten sich anschickten, die aus ihrer Sicht verkrusteten gesellschaftlichen Strukturen einzureißen.

Was die so genannte **produktive Rezeption** des Stücks – seine Wirkung auf das Schaffen anderer Künstler – angeht, so nahm das literarische Genre des Räuberromans bald nach dem öffentlichen Erscheinen von Schillers Schauspiel einen gewaltigen Aufschwung (etwa Heinrich Zschokkes *Abällino der große Bandit,* 1793, und Christian August Vulpius' *Rinaldo Rinaldini, der Räuberhauptmann,* 1799). Auch Schiller schrieb ja mit der Erzählung *Der Verbrecher aus verlorener Ehre* (1783) selbst noch eine weitere berühmt gewordene Räubergeschichte.

E. T. A. Hoffmann veröffentlichte 1822 eine Erzählung *Die Räuber,* die sich inhaltlich eng an Schillers Stück anlehnt. Auch die in den *Nachtstücken* erschienene Erzählung *Ignaz Denner* aus dem Jahre 1815 greift Motive aus den *Räubern* auf.

1847 hatte die Oper *I Masnadieri (Die Räuber)* von Guiseppe Verdi in London Premiere. Sie gehört allerdings zu den weniger wirkungsvollen Opern Verdis, der noch für zwei weitere Opern auf Stoffe Schillers zurückgegriffen hat (*Luisa Miller* nach *Kabale und Liebe,* Neapel 1849, sowie *Don Carlos,* Paris 1867).

Literaturhinweise

Textausgabe der „Räuber“

SCHILLER, FRIEDRICH: *Die Räuber.* Ein Schauspiel. Anmerkungen von Christian Grawe. Stuttgart: Verlag Philipp Reclam jun. 1969, durchgesehene Ausgabe 2001 (RUB 15)

Nach dieser Ausgabe wird in der *Interpretationshilfe* zitiert.

Ausgabe der Werke Friedrich Schillers

SCHILLER, FRIEDRICH: *Sämtliche Werke.* Fünf Bände. 8., durchgesehene Auflage. München: Carl Hanser Verlag 1987

Lebenszeugnisse Friedrich Schillers

Schillers Briefe. (Auswahlausgabe). Mit Einleitung und Kommentar herausgegeben von ERWIN STREITFELD und VIKTOR ŽMEGAČ. Königstein/Ts.: Athenäum Verlag 1983

Gesamtdarstellungen zu Leben und Werk Friedrich Schillers

ALT, PETER-ANDRÉ: *Schiller. Leben – Werk – Zeit.* Zwei Bände. München: Verlag C. H. Beck 2000 (Zitiert als: PA)

Die fachwissenschaftliche Gewissenhaftigkeit des Autors geht streckenweise zu Lasten des Lesevergnügens; dennoch eine gut lesbare Darstellung auf der Höhe der neueren germanistischen Forschung; aufgrund der übersichtlichen Gliederung ist es auch möglich, sich auf diejenigen Zusammenhänge zu beschränken, an denen man besonders interessiert ist.

SAFRANSKI, RÜDIGER: *Schiller oder Die Erfindung des Deutschen Idealismus.* München und Wien: Carl Hanser Verlag 2004 (Zitiert als: Safranski)

Ein anspruchsvolles, aber außerordentlich erhellendes und interessant erzähltes Buch, das Schillers Ausnahmestellung als reflektierender Dichter, Historiker und philosophischer Schriftsteller zur Anschauung bringt.

Ausgewählte Sekundärliteratur zu den „Räubern"

GRAWE, CHRISTIAN: *Erläuterungen und Dokumente. Friedrich Schiller: Die Räuber.* Stuttgart: Verlag Philipp Reclam jun. 1976, 2002 (RUB 8134). (Zitiert als: ED)

HOFMANN, MICHAEL: Schillers „Räuber" und die Pathogenese moderner Subjektivität. In: *Zeitschrift für Deutsche Philologie* 115: Supplement (1996), S. 3–15

RIEDEL, WOLFGANG: Die Aufklärung und das Unbewusste. Die Inversionen des Franz Moor. In: *Jahrbuch der Deutschen Schiller-Gesellschaft* 37 (1993), S. 198–220 (Zitiert als: WR)

WEIMAR, KLAUS: Vom Leben in Texten. Zu Schillers „Räubern". In: *Merkur. Deutsche Zeitschrift für europäisches Denken,* 42. Jahrgang, Heft 6 (1988), S. 461–471

Bitte hier abtrennen

Ihre Meinung ist uns wichtig!

Ihre Anregungen sind uns immer willkommen. Bitte informieren Sie uns mit diesem Schein über Ihre Verbesserungsvorschläge!

Titel-Nr.	Seite	Vorschlag

Die echten Hilfen zum Lernen ... **STARK**

Bitte hier abtrennen

Zutreffendes bitte ankreuzen! Die Absenderin/der Absender ist:

- ☐ Lehrer/in in den Klassenstufen: ______
- ☐ Fachbetreuer/in
  Fächer: ______
- ☐ Seminarlehrer/in
  Fächer: ______
- ☐ Regierungsfachberater/in
  Fächer: ______
- ☐ Oberstufenbetreuer/in
- ☐ Schulleiter/in
- ☐ Referendar/in, Termin 2. Staatsexamen: ______
- ☐ Leiter/in Lehrerbibliothek
- ☐ Leiter/in Schülerbibliothek
- ☐ Sekretariat
- ☐ Eltern
- ☐ Schüler/in, Klasse: ______
- ☐ Sonstiges: ______

STARK Verlag
Postfach 1852
85318 Freising

15-V1P

Bitte ausfüllen und im frankierten Umschlag an uns einsenden. Für Fensterkuverts geeignet.

Kennen Sie Ihre Kundennummer? Bitte hier eintragen.

Absender (Bitte in Druckbuchstaben!)

Name/Vorname

Straße/Nr.

PLZ/Ort

Telefon privat

Geburtsjahr

E-Mail

Schule/Schulstempel (Bitte immer angeben!)

Unterrichtsfächer: (Bei Lehrkräften!)

STARK Interpretations-hilfen und Trainingsbände

für die Oberstufe

Deutsch Interpretationen

Deutsch – Interpretationshilfen 1

Aus dem Inhalt: Goethe: *Faust, Iphigenie;* Schiller: *Maria Stuart, Wallenstein, Don Carlos;* Tieck: *Der blonde Eckbert;* E.T.A. Hoffmann: *Der goldne Topf;* Kleist: *Michael Kohlhaas, Prinz Friedrich von Homburg;* Eichendorff: *Aus dem Leben eines Taugenichts;* Büchner: *Woyzeck, Lenz;* Mörike: *Mozart auf der Reise nach Prag;* Fontane: *Effi Briest, Frau Jenny Treibel;* Hebbel: *Maria Magdalena;* Hauptmann: *Rose Bernd, Bahnwärter Thiel*

■ .... Best.-Nr. 94407

Deutsch – Vom Expressionismus bis zur Literatur der DDR

Aus dem Inhalt: Trakl: *Grodek;* Benn: *Mann und Frau gehen durch die Krebsbaracke;* Döblin: *Berlin Alexanderplatz;* Kästner: *Sachliche Romanze;* Rilke: *Der Panther;* Brecht: *Der gute Mensch von Sezuan;* Horváth: *Geschichten aus dem Wiener Wald;* Kafka: *Der Prozeß, Die Verwandlung;* H. Mann: *Der Untertan;* Musil: *Die Verwirrung des Zöglings Törleß;* Seghers: *Das siebte Kreuz;* Enzensberger: *Fremder Garten;* Bachmann: *Reklame;* Böll: *Die verlorene Ehre der Katharina Blum;* Dürrenmatt: *Die Physiker;* Frisch: *Homo faber;* Grass: *Die Blechtrommel;* Walser: *Ein fliehendes Pferd;* Weiss: *Verfolgung und Ermordung Jean Paul Marats;* Brecht: *Böser Morgen;* Biermann: *Und als wir ans Ufer kamen;* Wolf: *Kassandra*

■ .... Best.-Nr. 94408

Interpretationshilfen zu Einzellektüren:

Brecht: *Der aufhaltsame Aufstieg des Arturo Ui* .... Best.-Nr. 2400281
Brecht: *Der kaukasische Kreidekreis* .. Best.-Nr. 2400171
Brecht: *Leben des Galilei* .... Best.-Nr. 2400011
Brussig: *Am kürzeren Ende der Sonnenallee* .. Best.-Nr. 2400201
Büchner: *Dantons Tod* .... Best.-Nr. 2400121
Büchner: *Lenz* .... Best.-Nr. 2400431
Büchner: *Leonce und Lena* .... Best.-Nr. 2400261
Büchner: *Woyzeck* .... Best.-Nr. 2400041
Camus: *L'Etranger/Der Fremde* .... Best.-Nr. 2550041
Eichendorff: *Aus dem Leben eines Taugenichts* .... Best.-Nr. 2400071
Eichendorff: *Das Marmorbild* .... Best.-Nr. 2400081
Fontane: *Effi Briest* .... Best.-Nr. 2400371
Fontane: *Irrungen Wirrungen* .... Best.-Nr. 2400401
Frisch: *Homo faber* .... Best.-Nr. 2400031
Goethe: *Faust I* .... Best.-Nr. 2400511
Goethe: *Gedichte (1771–1783)* ...... Best.-Nr. 2400181
Goethe: *Die Leiden des jungen Werther* .... Best.-Nr. 2400051
Hein: *Der fremde Freund/Drachenblut* ...... Best.-Nr. 2400061
Kafka: *Der Proceß* .... Best.-Nr. 2400481
Kafka: *Die Verwandlung/Das Urteil* .. Best.-Nr. 2400141
Keller: *Romeo und Julia auf dem Dorfe* .... Best.-Nr. 2400321
Kerner: *Blueprint. Blaupause* .... Best.-Nr. 2400391
Kleist: *Michael Kohlhaas* .... Best.-Nr. 2400111
Lessing: *Emilia Galotti* .... Best.-Nr. 2400191
Lessing: *Nathan der Weise* .... Best.-Nr. 2400501
Th. Mann: *Der Tod in Venedig* .... Best.-Nr. 2400291
Th. Mann: *Tonio Kröger/ Mario und der Zauberer* .... Best.-Nr. 2400151
Nooteboom: *Die folgende Geschichte* Best.-Nr. 2400251
Sartre: *Huis clos/ Geschlossene Gesellschaft* .... Best.-Nr. 2550051
Schiller: *Don Carlos* .... Best.-Nr. 2400161
Schiller: *Kabale und Liebe* .... Best.-Nr. 2400231
Schiller: *Die Räuber* .... Best.-Nr. 2400421
Schiller: *Maria Stuart* .... Best.-Nr. 2400271
Schlink: *Der Vorleser* .... Best.-Nr. 2400101
Schneider: *Schlafes Bruder* .... Best.-Nr. 2400021
Schnitzler: *Traumnovelle* .... Best.-Nr. 2400311
Sophokles: *Antigone* .... Best.-Nr. 2400221
Storm: *Der Schimmelreiter* .... Best.-Nr. 2400381
Strittmatter: *Raabe Baikal* .... Best.-Nr. 2400241
Süskind: *Das Parfum* .... Best.-Nr. 2400091
Timm: *Die Entdeckung der Currywurst* .... Best.-Nr. 2400301
Vanderbeke: *Das Muschelessen* .... Best.-Nr. 2400331
Zweig: *Schachnovelle* .... Best.-Nr. 2400441

Deutsch Training

Training Methoden Deutsch .... Best.-Nr. 944062
Analyse von Sachtexten und Erörterung .... Best.-Nr. 944094
Abitur-Wissen Erörtern und Sachtexte analysieren .... Best.-Nr. 944064
Abitur-Wissen Textinterpretation Lyrik, Drama, Epik .. Best.-Nr. 944061
Abitur-Wissen Deutsche Literaturgeschichte .... Best.-Nr. 94405
Abitur-Wissen Prüfungswissen Oberstufe .... Best.-Nr. 94400
Deutsch 11. Klasse .... Best.-Nr. 90405
Aufsatz Oberstufe .... Best.-Nr. 84401
Kompakt-Wissen Rechtschreibung ...... Best.-Nr. 944065
Lexikon Autoren und Werke .... Best.-Nr. 944081

(Bitte blättern Sie um)

Bestellungen bitte direkt an: STARK Verlagsgesellschaft mbH & Co. KG
Postfach 1852 · 85318 Freising · Tel: 08161 / 179-0 · FAX: 08161 / 179-51
Internet: www.stark-verlag.de · E-Mail: info@stark-verlag.de

STARK

15-V1P